走向未来：中国高校创业教育发展研究与展望

周翔 许垚 著

吉林大学出版社

·长春·

图书在版编目（CIP）数据

走向未来：中国高校创业教育发展研究与展望 / 许
垚，周翔著.— 长春：吉林大学出版社，2021.8
ISBN 978-7-5692-8673-1

Ⅰ．①走… Ⅱ．①许… ②周… Ⅲ．①高等学校－创
业－教育研究－中国 Ⅳ．① G647.38

中国版本图书馆 CIP 数据核字（2021）第 171645 号

书　　名：走向未来：中国高校创业教育发展研究与展望
　　　　　ZOUXIANG WEILAI：ZHONGGUO GAOXIAO CHUANGYE JIAOYU
　　　　　FAZHAN YANJIU YU ZHANWANG

作　　者：许　垚　周　翔　著
策划编辑：邵宇彤
责任编辑：马宁徽
责任校对：李潇潇
装帧设计：优盛文化
出版发行：吉林大学出版社
社　　址：长春市人民大街 4059 号
邮政编码：130021
发行电话：0431-89580028/29/21
网　　址：http://www.jlup.com.cn
电子邮箱：jdcbs@jlu.edu.cn
印　　刷：定州启航印刷有限公司
成品尺寸：170mm×240mm　　　16 开
印　　张：11.75
字　　数：207 千字
版　　次：2022 年 1 月第 1 版
印　　次：2022 年 1 月第 1 次
书　　号：ISBN 978-7-5692-8673-1
定　　价：59.00 元

前　言

　　创业是社会经济发展的强劲推动力。大学生作为 21 世纪发展的"主力军"，具有较高的学术素养、学习能力，以及对新鲜事物的接受能力，对他们进行创业教育，大力激发他们的创新意识，培养他们的创新与创业能力，有利于促进我国创业活动蓬勃发展，不断提升我国综合实力。所以，高校创业教育值得教育工作者重视。

　　在全面深化改革的历史新阶段，教育部于 2012 年印发了《普通本科学校创业教育教学基本要求（试行）》，并附上了"创业基础"课程教学大纲。国务院办公厅于 2015 年 5 月印发了《关于深化高等学校创新创业教育改革的实施意见》，明确提出"健全创新创业教育课程体系"的重大发展任务。2016 年，国务院又印发了《国家创新驱动发展战略纲要》，强烈要求"推动创新创业，激发全社会创造活力"。2020 年，党的十九届五中全会指出："深入实施科教兴国战略、人才强国战略、创新驱动发展战略。"这对新时代高校创业教育提出了更高的要求。

　　为了响应"大众创业、万众创新"的号召，也为了响应我国创业改革的战略部署，本书对高校创业教育进行了比较详细的研究与论述。全书共分为八章，前三章是对高校创业及其相关内容的概述，包括创业相关的各种概念、我国高校创业教育发展历程与部分案例等。第四章与第五章分别介绍了我国高校创业发展的现状及必要性、国外高校创业教育概况及启示，希望从中吸取其他国家在创业方面的有益成分，从而完善我国创业教育体系。第六章与第七章分别介绍了我国高校创业教育发展的措施与途径。第八章为我国高校创业教育的未来展望。

　　创业是促进经济发展与转型升级的迫切需要，创新是中华民族进步的灵魂，新时代的大学生是中国的未来核心力量，必须把握时代的主题，在社会主义现代化改革的风口浪尖努力学习、提升自我，争做中华民族伟大复兴的"践行者"。

目　录

第一章　创业概述

第一节　创业的内涵

对当代高校创业教育进行研究，先要明确创业的相关概念，只有对创业从概念到内涵有明晰的了解，才能对高校创业教育做出更加全面、合理的解释，从而为创业教育今后的发展与改革指明方向。

一、创业的定义

在以市场经济为主体的经济形态下，创业活动作为企业家精神的集中体现，对经济增长、科技进步、竞争力提升起着愈发重要的作用。

（一）国外学者对创业的不同定义

在社会发展过程中，西方学术界对创业提出了不同的定义，对这些定义进行综合分析与研究，才能对创业这一概念有更加全面、合理的诠释。资本社会早期，经济学家开始对创业的概念与定义进行研究，当时的学者认为，创业是风险与财富的结合体，创业就意味在获取财富的同时承担风险。他们指出，创业虽然是一种创造财富的经济行为，但是要考虑到风险的存在，要具备一定的风险意识。

19世纪末20世纪初，著名经济学家约瑟夫·熊彼特（Joseph Alois Schumpeter）认为创业是实现创新的过程，创业与创新紧密相连，没有创新，就没有创业。创新过程主要包含创业者为制造新产品、发明新工艺而提出的创新构想、创新计划等。彼得·德鲁克（Peter F. Drucker）认为，创业就相当于创造更多具有价值、与众不同东西的活动。可见，德鲁克口中的"与众不同"与熊彼特所说的"创新"具有相似的含义，他们都认为创新对创业具有重要作用。

后来，学者对创业的定义逐渐增多，罗伯特·荣斯戴特（Robert C.

Ronsstadt）指出："创业是一个创造、增长财富的动态过程。财富是由这样一些人创造的，他们承担资产价值、时间承诺或提供产品或服务的风险。他们的产品或服务未必是新的或唯一的，但其价值是由企业家通过获得必要的技能与资源并进行配置来注入的。"[①] 斯蒂文森（Stevenson）指出："创业是一个人追踪和捕捉机会的过程，这一过程与其当时控制的资源无关。"[②] 此外，还有人认为创业就是创建企业；有人认为创业就是造福后人的财富积累过程；有人认为创业是创新的一种特殊表现形式；另有人认为创业是运用灵敏市场触觉捕捉商业机会的一种活动；等等。但是，至今仍没有形成高度统一的关于创业的定义。

（二）我国学者对创业的定义

《辞海》是在中华书局陆费逵主持下于 1915 年启动编纂的汉语工具书，是中国最大的综合性辞典。《辞海》将"创业"定义为"创立基业"，这四个字看似简单，但实际上突出了人们在创业开端过程中的艰辛与创业成功后的重要意义。

创业一般具有广义与狭义的含义。广义的创业指"创立基业"，在开创的过程中对创业个体、整个社会都具有一定的积极效用，包括经济、文化、政治、教育等诸多领域；狭义的创业指创业者运用自己的各项能力与人际关系，在社会中结合自身所学知识，对各项资源进行整合利用，从而创造更大的价值与效益的行为过程。例如，努力经营一家网店，获得一份令人满意的工作并认真对待，都是创业的一种表现形式。换句话说，创业就是就业的一种高级形式，是就业活动的一种深化模式，无论对提升自身能力还是实现自身价值都具有一定的意义。

笔者认为，要对创业做出比较准确的定义，必须先认识创业内在的核心本质与内在特征，定义不能过于狭窄，更不能过于宽泛。创业必须具有如下四点要素：第一，创业是创造的过程；第二，创业需要耗费大量的精力与时间；第三，创业具有一定的风险与机遇；第四，财富是创业的动力源泉。综合这些因素，创业是识别机会、创造机会、利用机会的过程，主要指具有创业目标与创业计划的人对自己目前所拥有的各种资源，以及将来通过自身努力可能拥有的各项资源进行整合与优化，从而创造更多经济价值或其他社会

---

① 许东晖，张婷. 大学生创业研究 [M]. 成都：电子科技大学出版社，2017:1.
② 同上。

价值的过程。其中，创业者是创业的"启动阀"，是创业过程的发起者与推动者，需要整合各项资源，提升各项能力。

二、创业的类别

（一）按照创业的不同目的

1. 机会型创业

机会型创业指创业的出发点并不是创业者单纯为了谋生、为了维持生计，而是想要抓住市场机遇，实现个人价值，突破利益的局限，从而获得更好的发展。它以市场的机遇为基点，为目标不懈奋斗，以创造新的需要或满足潜在需求为主要目标，会带动许多其他的新兴产业随之共同发展，可以在一定程度上促进社会发展力的提升与进步。

2. 生存型创业

生存型创业指创业者为了谋生而自觉进行或被动进行的创业活动，该创业活动一般不包含较多科学技术的内容，主要是模仿其他企业的技术。虽然这种创业形式能够满足自己对物质的需求，能够缓和一定的生活压力，但是并不能给社会带来十分有益的结果，反而会加剧各种市场竞争。

（二）按照创业的不同起点

按照创业的不同起点，创业可以分为创建新企业和既有组织内创业。

1. 创建新企业

创建新企业指创业者对企业从无到有的创建过程。创建企业之初，创业者并没有任何企业作为基础，他们通过自身对市场机遇的把握，通过不断提升自身各项能力与水平，完成企业的创建。该过程充满风险、挑战、机遇、刺激，难度系数较大，创业者虽然缺乏足够的资源、经验、支持，但是只要成功，就可以获得很大的收益。

2. 既有组织内创业

既有组织内创业指在已有企业的基础之上进行的创业活动。例如，企业由于产品、营销、组织管理体系等，对企业运行方式、规模等进行重新构建。海尔集团推行的合伙人制度就是利用现有公司的平台，鼓励公司员工自由组成创业团队。

（三）按照创业者的不同数量

按照创业者的不同数量，创业可以分为独立创业和合伙创业。

1. 独立创业

独立创业指创业者通过自己的努力，在一定的机遇下，独立创办自己的企业。这种企业的产权归创业者个人所有，企业的一切都由创业者个人自由掌控。企业一般决策比较迅速，不需进行较多层次的讨论与审查。不过，创业者要对自己所做出的一切决策承担责任与风险，而且独立创业的资源比较少，整合其他资源比较困难。

具体来说，独立创业还可以分成以下类别。

（1）创新型创业。创新型创业指创业者通过提供具有一定创造力的产品与相关服务，以满足市场需求。

（2）从属型创业。从属型创业包括两种情况：第一种为创办小型企业，通过与其他较大企业的明确分工与合作，为大企业提供相应的支持。这种创业方式能够有效降低交易成本，避免"势单力孤"创业所要面临的各种风险。第二种为加盟连锁、特许经营，利用企业自身品牌的独特优势以及相对体系化的经营管理模式，减少经营风险。

（3）模仿型创业。根据自身条件，选择一个合适的地点，或者进入壁垒低的行业，模仿其他企业成功的经营模式独立开办企业。这种创业形式的资金投入较低、风险较低，可以在吸取前人创业经验的基础上，打造自己企业的特色。

2. 合伙创业

合伙创业指两名或多名创业者共同创办企业。合伙创业的特点为订立合伙协议，共同出资，合伙经营，共享收益，共担风险，并对合伙企业债务承担无限连带责任。合伙企业这种形式适合没有过多资产、人脉的创业者，多人的联合往往能够弥补资金的短缺。

合伙创业一般比单独创业规模大、层次高，所能承受的压力与风险也更大，不过合伙创业在决策上较为缓慢，而且容易产生分歧。

（四）按照创业的不同性质

按照创业的不同性质，创业可以分为传统技能型创业、高新技术型创业、知识服务型创业。

1.传统技能型创业

传统技能型创业指创业者通过学习传统技术，并将熟练的传统技术与各种工艺项目运用到市场中的创业活动。这种创业形式往往具有较高的竞争力。

2.高新技术型创业

高新技术型创业指包含科技、知识、高新领域技术内容较多的创业形式，包含各种前沿性新技术、新产品，如碳纤维技术、新型打印终端、网络互联设备、微波功率器件、多媒体通信终端、数字采掘系统、发酵工程产品、生物传感器、高分子技术等。

3.知识服务型创业

知识服务型创业指为社会人群提供便捷知识、信息、咨询等服务的企业，包括各种事务所、咨询公司等。这种企业一般不需要较多资金投入，以企业主要工作人员与创业者自身全面系统的行业知识为竞争力，能够在短期获得较高额的回报，风险系数不高，只是竞争程度日益加剧，需要一定的名声与较高的专业水平。

（五）按照不同的创业方向和风险

按照不同的创业方向和风险，创作可以分为依附型创业、尾随型创业、独创型创业、对抗型创业。

1.依附型创业

依附型创业包含两种不同的情况：第一种情况是依附大企业或产业链，为大企业提供各种配套式服务与支持；第二种情况是特许经营权的使用。

2.尾随型创业

尾随型创业指模仿前人创业的各种内容，将前人创业经验运用到自己创业过程中的创业方式。这种形式不可对之前创业活动进行完全彻底的照搬照抄，一定要有所继承与发挥，发挥出自己的特色。

3.独创型创业

独创型创业指企业与之前各种企业均不相同，具有一定的独创性，能够弥补市场上的一些空白，创造新的商品。

4.对抗型创业

对抗型创业指进入其他企业的市场，与其进行竞争与对抗。

（六）按照不同的创业内容

按照不同的创业内容，创业可以分为基于产品创新的创业、基于营销模式创新的创业、基于组织管理体系创新的创业。

1.基于产品创新的创业

基于产品创新的创业指基于技术创新或工艺创新的成果，运用新型产品促进增加消费者消费需求的创业活动。

2.基于营销模式创新的创业

基于营销模式创新的创业指采取与其他各种厂商所完全不同的市场营销模式，为消费者带来全新体验，促使消费行为在短期内进行数量激增。

3.基于组织管理体系创新的创业

基于组织管理体系创新的创业指一种全新独特的管理体系，能够更好地实现产品商业化与产业化。

三、创业的风险

风险这一词汇最早源自我国的古代渔民，他们每每出海之前都要进行祭拜，祈求神灵保佑自己不要遭到海风与海浪的侵袭。现代社会，风险已经成为广泛适用于多种语境的词汇，指未知事件可能带来的不确定性与危害。创业是机遇与风险并存的事情，在创业前，创业者必须对创业的风险有所了解与预判，并力图将风险概率降到最低。

（一）创业风险的构成与特点

1.创业风险的构成

创业风险由风险因素、风险事件、风险损益三部分共同构成。

风险因素指能够引起或者增加风险事件发生概率或左右损失严重程度的因素，也被称为风险条件，包括人的因素与物的因素。人的因素大致包含意识风险、道德风险等，物的因素大致包含企业生产技术的不确定性、市场中经济环境的突然恶化等。风险事件是风险因素综合作用而形成的结果，与风险因素紧密相连，主要包括生产技术不确定性导致的生产线问题，或者是市场经济环境恶化导致的销售量显著下降等问题。风险损益指由于风险事件的出现而给创业者带来的损失或收益。

2.创业风险的特点

创业风险具有如下特点。

（1）客观性。创业风险不以人的意志为转移，是客观存在的，每个人、每个企业都存在一定的风险，无法百分之百避免，这包含天灾、人祸等多方面的因素。

（2）不确定性。创业风险可以做到一定程度的预料，但不能做到百分之百完全预料，人们不可能真正全面地看到创业中的全部风险，只能最大限度认识风险。

（3）两面性。创业风险除了能够带来危害外，也可能会带来收益。面对风险时，如果创业者能够迅速做出正确的决策，有一定的概率可以将风险转换为有利因素，从而促进企业发展，获得利润。

（4）相关性。创业风险从来不是独立存在的，永远与创业者的决断相结合，风险的大小并不是注定的，而是在一定程度上取决于创业者的应对之策。假如创业者能够积极应对，可以把风险带来的损失控制在较低水平；假如创业者不能做出正确应对，就会把风险带来的损失扩大化。

（5）可变性。风险在一定程度可以转化，随着创业者风险意识的增强，可以对某些风险实现调控。

（二）创业风险的防范

创业过程由于存在很大风险以及很大的不确定性，任何创业者都应当在创业之前对创业风险的防范措施有所了解，在应对风险时做到临危不乱、有条不紊。

创业风险防范指企业调动各种能够利用的社会资源，并将其广泛用于应对未发生的风险的一种活动，是对"萌芽期"风险的"扼杀"与"消灭"。

创业风险的防范需要一定的步骤，包括风险分析、风险回避、风险转移。

1. 风险分析

风险分析是企业"防患于未然"的重要前提，每一名合格的创业者都应当先把风险分析作为自己的"必修课"，在财富累积过程中，善于发现一些虚假情况，如资本过快积累等问题。要多方面分析和调查风险，分析时要遵循整体性、安全性等原则。

2. 风险回避

风险回避指将风险行为降到零，也就是公司不从事任何与外币沾边的活动，或者无论进出口、投融资活动都要求使用本币计价结算，这种极端的方法就称为风险回避。

3. 风险转移

风险转移指通过合同或非合同的方式将风险转嫁给另一个人或单位的一种风险处理方式。风险转移是对风险造成的损失的承担的转移，在国际货物买卖中具体是指原本由卖方承担的货物的风险在某个时候由买方承担。在当事人没有约定的情况下，风险转移的主要问题是风险在何时由卖方转移给买方。

四、创业的阶段

当代学界与商界关于创业阶段的划分众说纷纭。有人认为，创业应当分为生存、稳定、发展、成熟四个阶段；有人认为，创业应当分为起步、发展、扩大发展三个阶段。在此基础上，笔者认为，创业应当分为四个阶段，在企业生存与起步之前，还应当包含萌芽阶段，即创业者创业动机的产生、创业机会的识别等一系列探索。

（一）萌芽阶段

1. 产生创业动机

创业动机指创业者为了创业成功与创业理想成为现实，而自愿承担一定的风险，去努力开创企业的内在激励因素。创业动机的产生受到以下三方面共同影响。第一，个人因素。每个人的心理情况各不相同，且具有不同的兴趣爱好，如有些人热衷挑战、冒险、创业，有些人则喜欢安稳，追求平静。第二，创业机会。社会中的创业机会增加时，人们自然会产生较大的创业动机。第三，创业成本。创业成本较低也就意味创业门槛较低，符合资格的人则增多，会促使更多的人产生创业动机。

2. 发现创业机会

创业机会指对创业人群具有较强吸引力的有利于创业的商业机会。有远见的创业者能够通过观察市场、了解客户而发现创业机会，从而获得更大的利益。

若想发现创业机会，需要考虑以下问题：第一，思考机会的来源在哪里；第二，思考抓住机会的可能性有多大；第三，如果抓住机会的可能性较大，那么要通过何种方式抓住机会；第四，能否发现更多创业机会。

（二）起步阶段

起步阶段的主要问题为两点：第一点就是打造自己的产品；第二点为推广自己的产品。

1. 打造产品

打造产品需要的是核心竞争力，只有产品具有独特的特点，才会有竞争力。竞争力具有多种类别，包括区域竞争力、品牌竞争力、财务竞争力、质量竞争力、管理竞争力、服务竞争力等。在企业中，管理、质量、服务、品牌是竞争力的关键所在。所以，打造产品要从这几点入手。首先，公司的管理一定要清晰、具体，只有公司管理阶层能够稳定保持公司运转，让公司避免各种类型的危机，才能促使公司的生产方面获得提升。其次，严把产品质量关，致力以卓越质量赢得竞争优势。可以说，任何消费者最重视的产品要素都是质量。再次，如果是与服务相关的企业，一定要把服务做到位，所有工作人员要以顾客为本，用优质的服务带给消费者更好的享受，从而吸引更多顾客。最后，每一家企业都有自己的品牌，如何把品牌打造好是一门学问。品牌需要管理、质量、服务作为支撑，以上三点做好之后，公司才能够有更好的口碑，才能利于品牌推广。

2. 推广产品

推广产品既需要依赖公司的品牌，又需要公司不断地进取与创新，只有把生产与创新相结合，才能使企业为更多消费者所熟知。推广的形式有很多，之前的推广主要采用发传单、上门推销等方式，现在随着互联网技术的广泛应用，产品推广除了上述方式外，也要加入信息手段，如网络供求信息群发、邮件群发、电话营销、网站优化、竞价排名等。总之，推广产品应当打出"组合拳"，绝不能依靠单一的方式。

（三）发展阶段

这一时期是企业的快速成长期，我国有很多小微企业都在这一阶段受到强烈冲击，出现了重大危机。这一阶段需要企业慢慢找到属于自己的生存方式、业务模式、盈利模式、财务管理模式等，这些是一个企业运转的基础。此时，企业面临两个实际问题：第一个问题是企业具有一定的营业额和规模，进入初步规范化管理，但是很多管理的决策还需要老板的参与，经营权和所有权没有分开，将遇到管理危机；第二个问题是老板的战略很好，但是员工的能力没有达到老板所预期的程度。所以，企业一方面要完善管理制度，以便企业更好地进行管理和发展；另一方面，企业要经常对员工开展培训，促使他们的各项能力得到提升。

（四）扩大发展阶段

企业若能顺利度过发展阶段，将进入第四个阶段，即扩大发展阶段，在之前的基础之上寻求更高目标。这一时期企业管理基本实现规范化，企业需要继续保持持续稳定发展，进一步建立完善的培训体系。

在这一时期，企业的经营管理具备一定成效，已获得了一定的利润，但是仍然不可把目光仅放在短期快速盈利上，而应当目光长远，思考怎样使企业继续壮大，在壮大过程中逐步完善自己的核心能力，随后再关注利润增长。

第二节　创业的要素

古人常说"天时、地利、人和"，这是指人类必须在充分考虑、充分协调"三才"的情况下才能成就一番伟业。创业也是如此，必须对创业相关的所有事宜具有充分的了解之后才能做出最正确的判断。笔者认为创业是一个十分复杂的过程，更是社会化程度极高的一项活动，创业者需要综合考虑多方面的因素，从而做出正确的决断。本节将创业的诸多要素归纳为个人素养与外部条件两类，这两类要素包含创业所应当注意的所有内容。

一、创业个人要素

创业者必须具备全面的个人素养。按照马克思的辩证法来看，个人是内因，其他事物是外因，两者相互依存、相互作用。虽然内因与外因共同作用于事物发展，但是内因永远是首要的原因，外因则是次要的原因，不能脱离内因而独立起作用，所以事物发展中占决定地位的是个人。在创业过程中，作为创业主体的创业者就是内因，应当具备一定的素养，从而创造利于创业的条件，改善不利于创业的弊端。

一般来讲，创业者的个人能力包括创业意识（包括创业的需求、兴趣、理想等）、创业心理（包括果决、独立、担当、冷静等）、创业能力（包括专业能力、管理能力、创新能力、人际交往能力等）、创业知识（包括专业知识、管理知识、综合知识等）。

（一）创业意识

创业意识指创业者在创业活动之前与创业活动中，人脑所形成的创业目的与动机，是一种内在的驱动力。

1. 创业兴趣

兴趣是人们认识、学习的心理倾向，能够对未来的某些活动起到准备、推动、促进的作用。创业者具有强烈的创业兴趣，能够产生一种无形的巨大推动力，从而产生创业意识，开展创业活动。

2. 创业理想

理想是对美好事物的向往之情，是自身在世界观、价值观的引导之下所憧憬和向往的一种生活状态或生活目标。具有创业理想，即具有创业生活的憧憬，才能够形成创业之路上源源不断的动力。

3. 创业需求

很多创业者都是在穷困潦倒的情况下起步的，他们在历经生活磨难之后，已经没有任何退路，只能通过创业这场"赌局"打一个"翻身仗"，所以他们具有强烈的创业需求。

可见，创业者必须对创业有某种需要、兴趣、理想，才能够使创业意识得到激发。当这种意识确立之后，创业者才会产生创业热情。

【案例1】

丁某是一名普普通通的高职院校学生，毕业后成为一名普通的打工族，与社会中大部分人一样，每天过着朝九晚五的生活，在人群中永远是最不起眼的那个。她具有强烈的创业意识，虽然家境殷实，但是不甘于平凡，为了实现梦想走上创业之路，成为一家跆拳道馆的老板。

据丁某所说，她从小就与其他大部分女生不同，她们喜欢过家家、弹琴，自己却喜欢跆拳道，性格与男孩子一样，于是就开始学习跆拳道，最开始是自学，后来进入跆拳道馆进行系统学习。在跆拳道结业后，她曾在甘肃省银川市一家跆拳道馆担任主教练。

2010年，丁某参加中韩跆拳道沟通赛，取得女子58公斤级第一名、成人组品试第一名的好成绩，并获得宁夏第一个跆拳道"双冠王"的头衔。次年，她回到了吴忠参加工作。

回到吴忠后，她在宁夏高速公路工作，过着衣食无忧、十分稳定的生活，可是她心中怀揣着跆拳道的梦想，于是她辞职了。之后，她又在第三建筑公司项目部担任资料员，不久之后她再次辞职。

她经过深思熟虑之后，认为自己应当做跆拳道相关的工作。可是父母不同意，认为女孩子应当把生活安稳视为第一位。自小就十分有主见的丁某并没有按照父母安排的人生路线前行，而是努力创办了一家跆拳道馆。

如今，丁某的跆拳道馆已经有了近百名学员。她说："这只是我创业的第一步，为了跆拳道的梦想，我会继续努力。"此外，她还告诉其他年轻人："不要去想创业有多难，选准方针，坚定信心，多听、多看、多想、多学，成功就一定在不远处等你！"

【案例分析】

从以上案例可以看出，创业最先需要的是创业意向，有了清晰的目标与创业的热情，才能够迈出创业的第一步。有人创业是为了生存，有人创业是为了更好地发展，而只有为了理想创业才最能够激励我们坚持不懈、勇往直前。

（二）创业心理

1. 创业者需要具备独立自主的心理素质

很多人做事喜欢或者习惯询问他人，无法自己做出决定，总是希望他人替自己做决定，这种行为方式和生活习惯并不适合成为一名创业者。真正的创业者必须能够独立自主地应对一切事务，无论是好的事务，还是棘手问题，都应当挺起胸膛、独自面对。当然，这并不意味着要拒绝他人的帮助，而是以独立自主作为自己的准则。

2. 创业者需要具备勇于承担风险的责任意识

创业是机遇与风险并存的一项活动，我们不能在创业的过程中因为惧怕风险就退缩，或者在应当承担风险的时候逃之夭夭。真正的创业者必须能够对自己的行为负责，在遭遇打击、遇到困难之时能够有所担当，并且具有不畏打击和百折不挠的信念。

3. 创业者需要具备坚定果决的心理素质

创业难免会有一段艰辛的路程。在创业的路途中，创业者会面临无数次需要做出决断的时候，假如创业者畏畏缩缩、优柔寡断，总是无法及时做出正确的决断，那么企业将错失良机，无法获得更好的发展。创业者必须善于在纷繁复杂的事情中找出解决办法，并迅速选好方案，果断决策，这是很重要的心理素质。俗语说："当断则断，不断则乱。"果断是企业家必备的素质。

4. 创业者需要具备沉着冷静的心理素质

俗话说"商场如战场"，事实也确实如此。商战是没有硝烟的战争，十分残酷，将"适者生存、优胜劣汰"的社会法则展现得淋漓尽致，如果没有沉着冷静的心理素质，无法从容应对各项问题，只会导致失败。创业者必须能够"兵来将挡，水来土掩"，用从容平和的心态处理问题，化危机于无形。

（三）创业能力

创业者必须具有创业能力，创业能力包括专业技术能力、经营管理能力、综合能力等。

1.专业技术能力

专业技术能力指创业者必须具备所准备创业领域的相关知识，并且能够把这些知识加以综合与利用。同时，创业者要具备实际的操作技能。

2.经营管理能力

经营管理能力包含经营能力与管理能力。

创业者要善于经营，善于发现市场行情，抓住行业商机，获取各种信息，懂得营销策略，能够应对风险。

创业者要善于管理，包括管理企业、管理人才、管理资金。首先，要让企业中的管理部门对企业进行目标制定、规划制定，完善各个生产环节；其次，要善于用人，让每个人在自身岗位发挥自身的价值，做到扬长避短、权责相配、论功行赏；最后，要善于理财，保证投入资金小于产出利润，提高资金利用率。

3.创新能力

创新的过程是企业起步的重要过程，更是十分复杂的实践，当创业者具备比较高的创新能力时，创业取得成功的概率更大。

20世纪末期，江泽民提出："创新是一个民族进步的灵魂，是一个国家兴旺发达的不竭动力。"可见，创新能力对我国的发展具有极其重要的意义。创业必须具备一定的创新能力，这样才能通过分析解决问题，获得更多新的知识、新的机遇，从而使创业成功。

4.人际交往能力

人际交往能力是创业者需要具备的能力之一，人际交往能力所包含的内容较多，如创业者从他人的肢体动作与语言中获取信息的能力、激励他人与进行演讲的能力、随机应变的能力等。总之，人际交往能力是与人打交道的能力。究其本质，与人打交道必须建立在互相尊重与具备礼仪的基础之上，所以礼仪规范尤为重要。创业者必须具备较高的礼仪素养，这包括生活礼仪、语言礼仪、交往礼仪、文娱礼仪、用餐礼仪、饮茶礼仪、语言文明等。

（四）创业知识

创业者应当具备充分而广泛的基础通识性知识，对于不同门类的知识都能够触类旁通，不求有高深的造诣，但求略知一二。例如，对管理学、经济学、哲学、法学等学科有所了解，对目前社会政策的大方向有所把握，对社会未来的经济前景有所预知，等等。其中，管理学的知识显得尤为重要。因为通俗来讲，创业就是自己做老板，对员工进行正确的管理。所以，创业者要先了解管理的相关知识。

所谓管理，就是为了实现某种目的而进行的决策、组织、计划、实施过程。管理目的是收益，管理对象是人，管理本质是各司其职、明确分工，只有员工将自身的工作做好，才能实现企业所制定的目标，使创业者与企业员工共同获得收益。管理内容包括企业战略管理、企业计划管理、企业组织管理、成本管理与财务管理、营销管理与商务谈判、团队管理等。创业者不需要对这些知识掌握得面面俱到，但是需要有所了解，并且为员工找到自身最准确的定位。

二、创业外部要素

创业外部要素包括市场因素、政府因素、机遇因素等。

（一）市场因素

市场是古时人们对特定的、用于交易和商贸的场所的称呼，具有广义与狭义之分。广义的市场指为了买卖一些货物与商品，与其他个人或厂商共同形成的一种规模与体系，其中决定市场规模大小的是市场内的人数与资金；狭义的市场指买卖双方进行商品交易与交换的场地。

市场存在于任何社会，它并不是现代社会所特有的产物。虽然市场不是百分之百可控的，存在较多的不可控因素，但是创业活动要做到对市场有一定的认识与把握，要提前熟悉市场，了解行情。

创业应当在市场环境相对稳定的情况下进行，对市场有所了解。首先，创业之前要了解消费者的购买欲望。购买欲望是决定市场规模、购买力的重要因素，所以要深入探寻各个行业的买卖行情、商品定价、销售方式等。其次，创业之前要对市场的发展和活动规律有一定的了解，以适应市场的发展与转变。

（二）政府因素

政府指国家进行统治和社会管理的机关，是国家表示意志、发布命令和处理事务的机关。政府对经济起决定性的作用。

创业活动要求深入贯彻党和马克思主义的领导宗旨，落实国家关于创业的条文与规定。所以，创业者必须对国家的法律、政策、相关规定有清楚的了解。

（三）机遇因素

第一，创业必须具备一定的可行性。虽然社会中的机会数不胜数，任何细微之处都可能存在一定的商机，但是我们不能好高骛远、贪得无厌，而应当脚踏实地，利用更加切实可靠的机会进行创业。

第二，创业可以以自己的兴趣爱好作为根据。人们常说"梦想不能当饭吃"，实际上，梦想虽然不能为人提供切实的物质保障，但是能为创业者今后的打拼提供充足的、长期的精神能量，让他们把辛苦的创业过程变成实现梦想、践行爱好的过程，从而真正享受工作。

第三，创业需要沉着思考。当代社会中的各项事务日益复杂化，很多事务看上去杂乱无章，令人毫无头绪。但是，越在这种时候越应静下心来沉着应对，只要能够在分析事情之时冷静观察、仔细思考，就能够让优质的投资项目慢慢浮出水面。

第四，在闲置资源中获得创业的启发。闲置资源指人们闲置的物品，如垃圾、边角余料等物品，这些物品在当下都没有使用价值，对我们可能也无法产生实际的效用。在明确一定的创业方向后，要仔细分析和研究这些物品是否能够给自己创业带来一定的帮助，如大幅度降低生产成本，或者形成一些特殊的优势，等等。

可见，创业机会也是创业外部要素的重要组成部分。在创业活动中，创业者必须重视寻找机会，有时成功与商机就隐藏在不起眼的事物之中。

【案例1】

李某是一名在校大学生，他从小就热爱读书，读过的书涵盖各个方面。出于经济的原因，她常常去二手书店淘书，希望能够找到一些价格便宜、质量较好的书籍。但是她发现二手书店总是售卖一些不受欢迎的书籍，再加上互联网行业发展越来越快，实体书店门可罗雀。

于是，李某在经过一番思索之后，决定用自己的积蓄开一家二手书网店。她先把书店的受众群体设定为在校生与教师，然后调查各种资料，决定自己的书店主要售卖与经管、社会、人文相关的书籍，最后便开始办理网络二手店铺的手续。

终于，她在网上有了自己的店铺，主要进行书籍售卖与书籍回收的业务。另外，李某还销售部分不以营利为目的的书籍，这主要是为了留住老顾客。现在，她的网店还增加了"寄售"的服务，顾客可以把自己不用的书籍挂在自己的网络店铺，当有人看到并表示喜欢时，可以将其买下，她收取部分手续费即可。这样，她一个月就能获得 4 000 元以上的纯利润，对于在校大学生来讲，已经非常可观。

【案例 2】

20 世纪 80 年代末，美国斯坦福大学有一位名叫默巴克的普通学生，他利用闲暇时间承包了学生公寓的打扫工作。第一次打扫学习公寓时，默巴克在墙角、沙发缝、学生床铺下面扫出了许多沾满灰尘的硬币，这些硬币有 1 美分、2 美分和 5 美分的。

默巴克将这些硬币还给同学时，谁都没有表现出丝毫的热情。此后，默巴克给财政部写信，反映小额硬币经常被人丢掉的事情。财政部很快就给默巴克回了信，信上说："每年有 310 亿美元在全国市场上流通，但其中的 105 亿美元正如你所反映的那样，被人随手扔到墙角和沙发缝中睡大觉。"看到这样的回信，如果换作一般人，也许只会发出一声感叹之后就完了，但默巴克的脑子里偏偏冒出了这样一个想法：如果能使这些硬币流通起来，利润该有多么可观！两年之后，默巴克从斯坦福大学毕业了，他很快成立了自己的"硬币之星"公司，推出了自动换币机，与一些连锁超市建立合作关系，共同经营换币业务。

这样，顾客只要将自己手中的硬币投入换币机，机器就会自动点数，打印收条，顾客可以凭收条到超市服务台领取纸币现金，自动换币机将收取 9% 的手续费。默巴克的公司在美国 8 900 家主要连锁超市中设立了 1 000 台换币机，并凭借这一业务成为纳斯达克的上市公司。默巴克也从一个一文不名的穷光蛋变成万人瞩目的大富翁。企业家提示：若你心目中认为有一个创业项目可以去发展，应该大胆付诸实现。开始行动的第一步是先做资料搜集和各项准备工作。经营的根本目的是赚钱，赚钱的核心是盈利模式。

【案例分析】

李某创立网店并不是什么"举世瞩目"的伟大创举，只是根据生活中的经验而书写的小小创业故事。她通过自己的爱好与身边的资源找到创业的机会，让自己在大学期间实现了更多的自我价值。所以，创业机会也许就在我们身边，只要细心体会，充分把握，就能够获得创业的成功。默巴克同样如此，他只是在别人都不在意极小额度美元之时，提起了对它们的重视，从此发现无限的商机，可见创业机遇需要一双"慧眼"，需要创业者悉心发现。

第三节　大学生创业

大学生创业即大学生群体所进行的创业活动。大学生创业与一般意义的创业既有相同点又有差异，对大学生创业进行分析，一方面可以完善和丰富对创业的认知，另一方面又能为接下来高校创业教育的论述与研究做好铺垫。

一、大学生创业的前提与特点

进入 21 世纪，随着大学生数量的激增、社会模式的转型，人们的思想观念逐渐多元化，越来越多的大学生加入创业的行列。在不远的将来，大学生创业人数会超过社会创业人数，成为创业主体。这跟中国人口变化有关系，2012 年中国进入刘易斯拐点，人口红利开始消失，随着中国经济的发展，2020 年高度教育毛入学率已经超过 50%，达到 54.4%，就是说大学毕业生已经占了全部同龄人口的一半以上，大学生创业群体肯定会超过社会创业群体，成为社会的创业主体。研究大学生创业对于我们把握新阶段人力资源特色有其非常重要的意义。

（一）大学生创业的前提

大学生创业的前提包括知识、能力、经验、资金、技术五个方面。

1.知识方面

大学生是接受过最高教育的高素质人才，曾接受较长时间的教育，并在高考大潮中脱颖而出。大学生具有较高的文化素养，他们丰富的知识成为创业的基础。正所谓"打铁还需自身硬"，自身具备创业所需的各种知识，就容易在创业过程中做出正确、及时的决断，从而抓住各种机遇。

2. 能力方面

多数大学生在知识储备上具有很大优势，对于各门学科的知识基本能做到触类旁通，即使不甚了解，也能通过自身较强的学习能力，在短期内熟悉与了解各行业的知识。但是，在人际交往、随机应变等方面可能存在一些短板，因为他们中的大部分一直处于大学象牙塔之中，没有见识过社会中复杂的人际关系。对此，大学生应当努力弥补自己在这方面的不足，掌握管理、理财、营销等能力，不断提升自己。

3. 经验方面

大学生没有真正步入社会，虽然大部分大学生曾有过兼职打工的经历，但这只是社会这所大学中的"冰山一角"，不能真正表现出社会的面貌。所以，大学生应当积极充实自身的各种经验，避免在创业过程中出现"纸上谈兵"的窘况。一方面，大学生要经常与各种企业进行交流，参加学校举办的各种创业活动；另一方面，大学生要积极参加各种创业培训，吸取各种前人的创业经验，从而提升未来创业的成功率。

4. 资金方面

很多大学生认为，缺乏创业启动资金是创业过程面临的"头号难题"，事实也确实如此。即使大学生具有全面的知识、能力、经验，但没有启动资金，也无法进行创业活动，正所谓"巧妇难为无米之炊"。所以，大学生自身要努力找寻机会，争取获得各种资金支持，为创业助力。

5. 技术方面

技术是不亚于知识的创业核心，缺乏技术就意味着企业没有竞争力。所以，大学生一定要注意技术创新，开发具有自己独立知识产权的新产品。

以上五方面可以视为大学生创业的前提。

（二）大学生创业的特点

1.发散思维，勇于创新

大学生具有较强的发散思维，这种思维也被称为辐射思维、放射思维、扩散思维或求异思维，指大脑在思考问题时所呈现出的一种扩散状态的思维模式。在创业中，发散思维有助于大学生找到更加多样的创业方式与创业路线。

一方面，大学生的年龄较小，能够更快接受新鲜事物；另一方面，大学生已经接受新式教育，对创新具有强烈的欲望，并不习惯守旧的思维方式与行为习惯。据资料显示，在21世纪的创业群体中，大学生创业群体最具创新性，其创新能力显著高于社会创业群体。

2.行动力强，拒绝拖延

很多人常说，新一代年轻人都有"拖延症"，总是习惯"等一等""一会儿再做"，忘记了古人曾教导的"今日事，今日毕"。但是，这只是个别现象，在具有创业意识的大学生群体这里，基本不存在拖延情况，他们具有很强的行动力，总是习惯想到问题就马上去做。在创业活动中，大学生能够在权衡利弊之后，尽快把想法落实为行动。

二、大学生创业的优势与劣势

大学生具有年轻人特有的各种鲜明特征，在创业中有各种优势，但是也应客观看待大学生在创业过程中存在的劣势，只有在发扬优势的同时避免劣势，才能更好地开展创业活动。

（一）大学生创业的优势

1.个人优势

（1）知识优势。大学生具有知识与素养的优势。大学生受过高等教育，具有很强的专业能力。

（2）活力优势。大学生具有朝气、活力、自信，时刻充满干劲，总是有用不完的精力，找准目标就会朝着目标勇往直前。

（3）创新优势。大学生具有创新思维与创新能力，他们容易接受新鲜事物，具有活跃的思维，总能想到与传统方式不同的创业形式。

2.外在优势

（1）国家政策优势。对符合条件的大学生能够享受政府与有关部门的政策。为了促进大学生创业，形成浓厚的社会创新风气，使科学技术不断进步，国家为符合条件的大学生制定了相应政策，鼓励他们进行创业活动。例如，登记注册优惠、信息服务优惠、金融贷款优惠、利率贴息优惠，等等。

（2）校园福利优势。为了促进大学生创业，高校一方面会邀请专家、学者进入校园，为学生进行知识传授和讲解，并开办规模较大的讲座与学术论坛，使学生从中获得很多知识；另一方面会为学生提供创业模拟基地，这一举措在很多高校都已经实施，并取得了一定成绩。

（3）家庭支持优势。有些家庭能够对大学生创业提供一定的支持。例如，经济能力比较强、具有较多人脉的家庭可以给予大学生资金和人脉方面的支持，减少学生在创业过程中遇到的困难。

（二）大学生创业的劣势

1.个人劣势

（1）缺乏创业经验。大学生只是在学校系统学习各种理论知识，他们中的大部分从未迈出校园走向社会，从未真正将知识践行，无法真正认清理论与现实之间的鸿沟，很可能因此而导致创业失败。

（2）缺乏创业相关的知识体系。大学生在学校所学习的往往是本专业的各种课程。例如，哲学系的学生只是学习东西方哲学史、哲学原著选读、西方名著导读、宗教学、伦理学、逻辑学等。又如，生物系的学生只是学习生物化学、分子生物学、细胞生物学、遗传学、微生物学等。他们并不涉及与创业相关的专利、财务、管理、法律等方面的知识。只有金融、管理相关专业的学生才会学这些知识，这就导致大部分非经管专业的大学生缺乏创业系统知识。

（3）缺乏政策信息与知识。当代高校大都在宣扬支持学生创业，也时常举办一系列活动，但是对创业的各种政策并未进行详细讲解。这主要是由于不同专业、不同地域、不同创业模式的相应政策不尽相同，学校也无法进行集体讲解，只能是尽量呼吁大学生在确定大体的创业目标与方向之后，通过自己查阅或者找老师咨询了解创业政策。

（4）缺乏人生阅历。大部分大学生的人生阅历比较少，并未经历过大起大落，他们在面对创业失败时总是无法经受打击，缺乏妥善解决困难的能力。

2. 外在劣势

（1）政策贯彻落实问题。正如前文所述，我国政府与相关部门为大学生创业出台了许多相应的政策，这本应是一件好事，但是由于一些部门疏于管控，政策落实十分困难，很多政策根本没有贯彻到底，这就使很多大学生无法真正享受创业优惠政策。

（2）企业创业投资问题。任何企业的运作都需要投资，而投资人往往需要对企业进行全方位的评估。首先，要详细调查企业的管理团队、盈利能力、责任意识、发展前景等；其次，要考察相关行业的发展状况，如果相关行业发展较好，该企业也会取得较好发展。另外，投资人对创业者本人也会进行比较严格的审查。因为很多投资人往往不相信大学生的创业能力，他们认为大学生缺乏经验，不足以担当企业发展的带头人。

【案例1】

1980年，钱俊冬出生于安徽一个贫困农民家庭，他从小就立志要考上重点大学。1999年，父母借来的8万元钱被人骗走，由于家庭经济拮据，钱俊冬随父母来到天津大港。靠着父亲做卤菜的手艺，全家人在一个偏僻的小巷子租住下来挣钱还借款。

刚到天津时，钱俊冬特别向往大学生活，有空闲就去附近的南开大学和天津大学转悠。通过与大学生的交往，他知道了大学生毕业后将会面对严峻的就业压力，于是他就有了上大学后一定要自己挣钱的想法。

他意识到要想成为一名成功人士，单靠找一份好工作是实现不了的，必须从底层做起，走自主创业的道路。

2000年，钱俊冬考上了陕西长安大学。某一天，一位师兄推销随身听，4部随身听以每部80元的价钱被室友买下。这件事情使钱俊冬隐约地看到一个商机和一个比较大的消费群就在自己身边。他从同学那里打听到在西安东郊有两处小商品批发市场，于是逛遍了这两个小商品批发市场，仔细对比了各种随身听的性能和价格后，以15元的批发价购买了6部师兄推销的那种款式的随身听，一倒手净赚了 300 元。之后，他以低廉的价格从 IC 卡经销商那里购进电话卡，以比市场低的价格出让给同学，在赚得一点辛苦费的同时，让同学们得了一些实惠。

为了实现自己的理想，钱俊冬还不时去图书馆看一些法律、心理学、市场营销等方面的书籍。他认为，搞推销和倒卖纯属个人行为，还没有完全融入社会。要创业最好还是先融入企业，到企业中去体验，懂得如何把学到的知识与企业实际相结合，这样才能获得成功。

【案例 2】

著名卡牌桌游"三国杀"的创始人黄恺是一位标准的大学生创业者。黄恺于 2004 年考上中国传媒大学动画学院游戏设计专业，他在大学时期就开始"不务正业"，模仿国外桌游设计出了具有中国特色、符合国人娱乐风格的桌游"三国杀"。

2006 年 10 月，大二的黄恺开始在淘宝网上贩卖"三国杀"，没想到大受欢迎。毕业后的黄恺并没有找工作的打算，而是借了 5 万元注册了一家公司，开始做起"三国杀"的生意。2009 年 6 月底，"三国杀"成为被移植至网游平台的一款国产桌上游戏。2010 年，"三国杀"正版桌游售出 200 多万套。粗略估计，"三国杀"在那段时间至少给黄恺带来了几千万的收益，并且随着"三国杀"品牌的发展，收益还将继续增加。

【案例分析】

以上两个创业案例虽然创业主体都是大学生，但是也存在一些不同。钱俊冬的创业目光放在小商品的倒买倒卖，黄恺的创业目光则更加长远，他先研究风靡国外的著名桌游，在自己的研究之下，开发出了符合中国人喜好、具有中国元素的特色卡牌游戏。可见，虽然两者都是大学生创业，但是黄恺的创业模式包含更多创新与创造的元素。不过，这并不意味钱俊冬的创业不值得提倡，事实上钱俊冬的创业方式更符合多数大学生的能力、水准、眼界，大学生可以从小规模的创业活动中逐渐提升自己，逐步摸索出更具前景的创业路线。无论怎样，大学生都应当相信自己创业的能力，要善于思索、善于实践，不要踌躇不前。适当的考虑是思维缜密，过度的考虑则是犹豫不决。所以，大学生创业先要博学广闻，多学习，树立好学的意识，然后提升自己的各项能力，经过多方探索与思考，迈出创业的第一步。

第二章 高校创业教育概述

第一节 高校创业教育的相关概念

高校创业教育的相关概念包括高等教育、创新教育、创业教育、创业教育管理等内容，所以有必要对这些概念进行界定与简要介绍。

一、高等教育的内涵

高等教育作为学校教育的一个高等层次，是在人类社会发展到某一个特定历史阶段才出现的，所以高等教育是伴随人类发展的历史逐渐演变的，是历史的、变化的概念。有学者曾说："高等教育出现的变化如此繁多，连给高等教育下定义都成了一项挑战性的工作。"

1962 年，联合国教科文组织在非洲召开由 44 国参加的高教会议，在会议上提出："高等教育是指大学、文学院、理工学院和师范学院等机构所提供的各种类型的教育，其基本入学条件为完成中等教育，一般入学年龄为18 岁，学完课程后授予学位、文凭或证书，作为完成高等学业的证明。"[①] 另外，《实用教育大词典》也为高等教育下了定义，指出："高等教育是建立在中等教育基础上的各种专业教育。"[②] 可见，高等教育主要包含以下要点：第一，高等教育必须是完成中等教育之后才可进行的一种教育，如果没有完成中等教育，则无法真正进行高等教育的学习；第二，高等教育完成后，学生能够获得相应专业的证书，这也表明高等教育旨在培养特定学术领域、特定专业的高级专业型人才，这些人才可以是学术研究型的，也可以是实践应用型的。

---

① 董晓红.高校创业教育的理论与实践[M].济南：山东人民出版社,2013:15.
② 董晓红.高校创业教育的理论与实践[M].济南：山东人民出版社,2013:16.

二、创新的内涵

"创新"最早出现在我国的《南史》中,《南史》云:"据《春秋》,仲子非鲁惠公元嫡,尚得考别宫。今贵妃盖天秩之崇班,理应创新。"可见,在古代创新就已经表示创立或者创造出新的事物的活动。

(一)经济学中的创新

经济学中的创新最早由美国经济学家熊彼特提出。1912 年,他在《经济发展理论》中指出创新是把新的生产要素和生产条件融合成一个新的结合体,并将其引入社会生产体系。20 世纪 60 年代,美国经济学家华尔特·惠特曼·罗斯托(Walt Whitman Rostow)提出"起飞"六阶段理论,把"创新"定义为技术创新。1962 年,伊诺思(J. L. Enos)在《石油加工业中的发明与创新》中指出技术创新是多种行为进行综合之后而形成的结果,包括发明的选择、资本投入保证、组织建立、制定计划、招用工人和开辟市场等。1969年,迈尔斯(S. Myers)和马奎斯(D. G. Marquis)在《成功的工业创新》中把创新定义为技术变革的集合。1974 年,厄特巴克(J. M. Utterback)在《产业创新与技术扩散》中指出创新就是技术在现实生活与生产实际中的运用。

20 世纪 80 年代,傅家骥也对技术创新下了定义,他认为企业家抓住市场的潜在盈利机会,以获取商业利益为目标,重新组织生产条件和要素,建立起效能更强、效率更高、费用更低的生产经营方法,从而推出新的产品、新的生产(工艺)方法、开辟新的市场,获得新的原材料或半成品供给来源或建立企业新的组织的综合过程就是创新。之后,彭玉冰、白国红也从企业的角度为技术创新下了定义,与傅家骥给出的定义有异曲同工之处。

笔者认为,创新在现代社会指以现有的思维模式提出有别于常规或常人思路的见解为导向,利用现有的知识和物质,在特定的环境中,本着理想化需要或为满足社会需求,改进或创造新的事物、方法、元素、路径、环境,并能获得一定有益效果的行为。

(二)哲学中的创新

在哲学中,创新也是十分重要的一个范畴。没有创新意识,哲学的发展将停滞不前,哲学史也将变得封闭、僵化。创新对哲学来讲,是一种人特有的创造性的实践行为,能够对物质世界进行利用与再创造,即人类通过对物质世界的利用和再创造,制造新的矛盾关系,形成新的物质形态。

从哲学的角度看，物质内部的矛盾就是创新的核心，而物质的发展就是创新的过程。从人本身来讲，创新就是人的发展过程，所以创新在一定程度有利于人的发展。

【案例 1】

我国古代有一位著名发明家鲁班，也被称为公输般、公输盘、班输。传说锯子就是鲁班发明的。有一次鲁班去山林中砍树，但是由于雨天路滑，他一不小心摔倒在地，被地上的一种野草把手指划破了，手指直接开始往外渗血。他很好奇，为什么一片野草就能够把自己划伤呢？他摘下叶片轻轻一摸，原来叶子两边长着锋利的齿，他的手就是被这些小齿划破的。鲁班从这件事上得到了启发。他想，要是用这样有齿状的工具是不是也能很快地锯断树木？于是，他经过多次试验，终于发明了锋利的锯子，大大提高了工作效率。

【案例 2】

韩国 777 指甲刀是人们耳熟能详的一种指甲刀品牌，由金炯奎于 20 世纪 70 年代所创立，该品牌的指甲刀以耐用不锈、质量过硬、款式新潮为主要特点，深受广大顾客喜爱，口碑一直非常不错。

777 指甲刀之所以有如此好的质量与口碑，与公司的创新精神是分不开的。在 777 指甲刀之前，大部分指甲刀质量堪忧，用的时间不长，而且会生锈。该企业鼓励创新，在大批科研人员的努力研究之下，777 指甲刀开创"电镀防锈能力"新技术，这种生产工艺首先对材料进行打磨，其次进行上色，在刀口位置进行多次电镀，从而使钳口保持持久抗锈能力。此后，777 指甲刀一直保持销量领先的地位，其每年生产指甲刀数量近 1 亿个。

可见，无论是像鲁班一样发明新的事物，还是像韩国 777 指甲刀一样对已有事物进行改进与创新，创新的意识与创新的思维都必不可少。然而，随着时代发展，不同学科对创新有了不同的定义。

【案例 3】

王某是四川省一所职业中学的在校学生，他在读书之余，发散自己的思维，发明了磁性剪纸专利产品。该产品使用可再生的环保材料，能够循环利用，只要有铁的地方就能够直接吸上去，而且不容易被剪断，能让使用者很快体验到剪纸的乐趣。

据王某所说，有一次自己的亲人结婚，她在帮助亲人装扮婚车之时，发现了许多漂亮的剪纸，认为这些剪纸虽然看起来非常漂亮，但是在使用过程中遇到了很多困难，一方面，剪起来十分困难；另一方面，剪纸比较脆弱，非常容易损坏。于是，王某希望发明一种更好的剪纸方法，并把这一想法告诉了父亲，父女两人便开始投身于新型剪纸的创造之中。最后，他们终于找到能够用来代替传统纸张的磁性材料。这样，剪纸既容易张贴在物品之上，又不容易被损坏，也不容易掉色。随后，王某创办了专门制作各种磁性剪纸的文创公司。

【案例分析】

无论是对旧有事物的创新，还是对未知事物的创造，都不是随随便便能够完成的，成功不是偶然，而是脚踏实地与勤学实践才能真正获得的。想要创新，必先拓展对客观世界的认知范围，从而产生新思想、新举措以及新事物。

三、创业教育的内涵

（一）创业教育的定义

相关机构和不同学者对创业教育分别做出了十分典型的论述与表达，这里对其中比较重要的定义进行论述。

美国考夫曼基金会提出："创业教育是一个过程，它向受教育者传授一种概念与技能以识别那些被别人忽视了的机会，以及当别人犹豫不决时，使他们有足够的洞察力与自信心付诸行动。教育内容包括在风险面前的机会识别与在资源整合的前提下创办一个企业，也包括对企业管理过程的介绍，如商业计划、市场营销等。"[1]

我国学者张闯认为，创业教育的受教育群体一般是具有一定基础知识和文化素养的青年大学生，因为他们较强的知识接受能力与较强的创新意识更有利于他们对创新教育学科内容的理解与践行，从而成为新时代的开拓型、创业型高素质人才。

周秋江从广义与狭义两方面解释创业教育。他认为狭义的创业教育就是我们一般所理解的大学中的创业教育课程，对于大学生就业、创业以及社会

---

[1] 董晓红.高校创业教育的理论与实践[M].济南：山东人民出版社,2013:24.

稳定与发展都有一定的帮助；广义的创业教育则是指培养具有多种能力与素质人才的教育，这些人才应当具有冒险精神、创业精神、管理能力等。

综上所述，笔者认为创业教育一般指以培养创新精神与创造能力为主要目标的一种教育，与普通的通识教育不同，更加侧重创新能力的培养和学生的全面发展。所以说，创业教育也是"人的全面发展"理论与"人文精神"的一种践行。

（二）创业教育的功能

创业教育既然以培养创业能力、创新精神为目标，那么其功能必然与创新、创业息息相关。一方面，创业教育能够显著增强和提高受教育者的创业能力与创业素质；另一方面，创业教育能够从内在转变受教育者的就业观与创业观。此外，创业教育也有利于促进社会发展。

1. 提高创业能力与创业素质

《论创业教育内涵、特征、作用与价值》一文提出："一个创业者的素质、知识文化水平、相关经验、学习能力、动手能力、观察能力、分析能力、解决问题能力、创新和创造能力、亲和力、影响力、管理能力以及意志品质、兴趣、爱好、性格、习惯、行为规范等方方面面的特点综合起来就是创业者的素质。创业者的素质决定企业产出的水平、质量和效益。"[①] 可见，影响一个人创业素质的因素是多方面的，既有先天的身体与智力成分，又有后天环境对个人产生的影响，既有学校与课堂中学习到的各种专业性知识，又有在社会实践中掌握的经验性常识。

简单来说，创业能力与创业素质指创业者关于创业活动的各项身体能力、思维活动与心理素质的综合。

进行创业教育，能在一定程度对学生产生良性的影响，如使受教育者了解创业活动的相关内容，从而利用自身的主观能动性对创业知识进行积极的学习。

2. 增强创业意识

创业意识指人们对创业活动的内在驱动力，是创业者迈出创业第一步

---

① 曲殿彬，袁昌云.论创业教育内涵、特征、作用于价值 [J].白城师范学院学报,2007(2):12.

的重要推动因素，其中包括创业需要、创业动机、创业兴趣、创业理想等内容。

创业教育能够在一定程度上帮助人们增强创业意识，帮助人们转变传统的创业经商观念，帮助人们认识创业的时代意蕴，从而更好地认识社会环境，树立正确的创业意识，形成正确的创业与择业观，实现被动就业向主动创业的转变。

3.促进社会发展

创业有利于促进中小企业的发展。从国际经验来看，将等量资金投资于小企业，它所创造的就业机会是大企业的四倍。因此，创业不仅能够提供就业岗位，更能促进社会的进一步发展。

创业教育能够促进创业活动的展开，而创业活动的增多无疑会增加市场中的企业数量，优化企业的管理结构与管理模式等，这有助于社会生产力的提升和生产方式的快速转变，有助于促进社会发展。

四、创业教育管理的内涵

谈论创业教育管理的内涵，先要研究教育管理。在我国，学者一般认为教育管理具有广义与狭义的区别。

广义的教育管理是学校内一切教育活动与管理行为的统称，"狭义的教育管理则专指教育行政管理，即国家、政府教育部门对教育事业的介入、干预、控制、协调、指导和服务等职能活动。"[①] 同时，该管理活动包含方案制定、计划实施、评估反馈、不断改进等多个环节。

根据上一节的论述，我们知道创业教育是在结合理论与实践的基础上对人的各项综合素质进行培养，使其能力提升的一门教育，所以必须受到高校与各部门的重视。基于此，创业教育管理要求教育行政部门与高校通过对创业教育进行介入、干预、控制、调控等活动，培养创业人才。

第二节　高校创业教育的理论基础

任何教育都需要特定的理论作为基础，对理论进行总结与研究，再运用于教育的实践活动中，才能促使教育事业不断完善和发展。对高校创业教育

---

① 董晓红.高校创业教育的理论与实践[M].济南：山东人民出版社,2013:25.

来讲，其理论基础主要包含人的全面发展理论、人力资本理论、个性教育理论、通识教育理论、素质教育理论等。

一、人的全面发展理论

与人的全面发展相似的追求在我国古代早已出现，如我国古人曾说"德才兼备"，要求对个人的品德与才能等方面进行全面发展。我国古代教育也曾以"六经"与"六艺"作为重点，"六经"包含《诗》《书》《礼》《乐》《易》《春秋》，"六艺"包含"礼、乐、射、御、书、数"。孔子也要求真正的"君子"要具备"仁、义、礼、智、信、恭、宽、信、敏、惠"等多重品德。由此可以看出，我国古代教育十分全面，是人的全面发展的雏形。西方社会也有这类观点，在距今 2 000 多年前的古希腊时期，著名哲学家亚里士多德（Aristotle）曾提出"和谐教育"，他认为教育过程中，每个人的"德""智""体"都应当受到全面重视。

人的全面发展理论的真正体系化始于马克思主义。马克思主义从分析现实的人和现实的生产关系入手，指出人的全面发展的条件、手段和途径。人的全面发展包含人的体力、智力及思想道德等方面的全面发展。

人的全面发展理论真正中国本土化则始于 20 世纪 50 年代，毛泽东在 1957 年提出"我们的教育方针，应该是使受教育者在德育、智育、体育几方面都得到发展，成为有社会主义觉悟的有文化的劳动者。"20 世纪末，我国再次强调学生的全面发展。后来，我国在之前的基础上，为全面发展加入了更多内涵。

二、人力资本理论

现代人力资本理论的奠基者为美国教授西奥多·W·舒尔茨（Thodore W. Schults），他提出人力资本是体现在劳动者身上的一种资本类型，是劳动者的数量、质量的综合。人力资本是社会与国家保持稳定进步的重要原因。

西奥多的人力资本理论大致分为三部分：第一，必须经过投资，才能获得人力资本。人力资本是体现在劳动者身上的资本类型，除了劳动者群体的总体数量外，还包括劳动者自身的知识文化层次、技能掌握水平、身体健康情况、其他潜在价值等因素。第二，人力资本对社会经济增长起着决定性作用。这是因为"人力资本对现代国民经济增长和国民收入增加的作用比物质资本和劳动者数量的增加重要得多，劳动生产率得以迅速提高是人力资本不断增加的结果。"① 第三，人力资本进行投资活动需要付出一定的成本。所以，在做出人力资本相关的各项决定之前，先要对市场环境、企业情况做出比较全面、深入的评估，将收益固定在大于成本的情况时，才能进行人力资本投资。

美国的另外一位教授加里·S·贝克尔（Gary S. Becker）在西奥多的人力资本理论基础之上，做出一些发展，使该理论变得更加丰富。贝克尔通过大量研究，全面分析教育与经济之间的相互作用，探讨在职培训的经济意义等，由此构建人力资本理论的微观经济基础。

总的来看，西奥多·W·舒尔茨与加里·S·贝克尔分别对人力资本理论的形成与发展做出了贡献，使人力资本理论逐渐受到学者的普遍重视。进入 21 世纪，学者将人力资本与创业结合，并证明了拥有专业知识与技术的高素质人才对推动社会发展与经济增长具有重要意义。

三、个性教育理论

在世界教育发展的历史长河中，促进人的个性化发展是无法回避的问题。例如，孔子主张"因材施教"，蔡元培与陶行知主张"谋个性之发展"。20 世纪与 21 世纪之交，联合国教科文组织国际教育发展委员会在《学会生存——教育世界的今天和明天》中明确指出："应当培养人的自我生存和发展的能力，促进人的个性全面和谐发展，并把它作为当代教育的基本宗旨。"② 可见，当代社会主张张扬个性。这是因为，人的个性化对个体发展与社会发展都有重要意义。对于个人而言：第一，个性化有利于个人侧重自身优势与长处的发展，培养新时代"一专多能"的人才；第二，个性化有利于个人养成独特的气质、修养、品格、行为习惯，形成自身独特的魅力与人格，对于个人未来发展具有积极作用。对于社会而言：第一，个性化有利于为社会培养更多具有自己长处的人才，使他们在不同岗位发挥特殊的优势，为社会发展提供更多动力；第二，个性化有利于国家竞争力的提升。在知识经济愈发重要的当代社会，国家之间的竞争转变为经济实力与文化实力的竞争，只有社会中的所有个体各有所长、各有侧重，才能够促进各领域的知识与文化"齐头并进"，从而提升国家竞争力。

---

① 胡小坤.大学生创业教育研究［M］.南宁：广西科学技术出版社,2016:224.

② 胡小坤.大学生创业教育研究［M］.南宁：广西科学技术出版社,2016:225.

四、通识教育理论

通识教育也称为普通教育与通才教育，通识教育的重点在于"通"字，所谓"通"，指通达、没有障碍。所以，通识教育就是为受教育者提供能够通达于普罗大众的知识体系的一种教育，属于教育的一种特殊形式。与通识教育相对的即专业化教育，专业化教育是针对各级各类专业人才的教育，主要以教授专业知识为主。虽然创业教育是针对创业的教育，但是究其本质，创业教育与所有课程、与所有能力都息息相关，应当以通识教育理论作为其基础。

五、素质教育理论

创业教育要求学生具备比较全面的素质，而素质教育理论恰恰主张培养学生的各方面素质，并进行系统性教育，所以素质教育理论是创业教育的理论基础。

素质教育分为个人素质教育、社会素质教育、国家素质教育三部分。个人素质教育是指学生个人在应试教育环境下通过改进学习方式在一定程度上实现素质教育；社会素质教育是指在一定范围内和一定程度上实现的素质教育，这种模式跳出了个人素质教育范畴，首次在集体范围内实现了素质教育；国家素质教育指的是在全国范围内以宪法、法律和地方行政法规为法律基础，拥有完善体制机制保障的完全意义上的素质教育。

素质教育要求对学生进行创造能力、自学能力等的培养，使学生树立终身学习思想等。这与创业教育的要求不谋而合。因此，创业教育要以素质教育为理论基础，对学生进行各方面的素质和能力培养。

第三节　高校创业教育的价值与意义

高校创业教育的价值与意义应当从如下几个方面来思考。对于大学生自身而言，创业教育能够扩大他们的知识面，培养他们的创新意识、创业精神，对其未来的发展有很大帮助；对于学校而言，创业教育课程是对传统课程的丰富，能够为高校教学改革提供一定参考，对于学校自身学科的完善同样有帮助；对于国家来讲，高校创业教育的意义更加重大，不仅能够转变社会风气，提高人们对创业的认可度、认同感，还能够增加就业岗位，促进经济发展。

一、有利于大学生规划自身未来发展

我国的传统教育一般过于偏重理论而轻实践，基础知识与理论体系的内容较多，缺乏与现实紧密结合的实践性知识，这往往导致大学生对未来产生迷茫，毕业之后不知何去何从，不知道自己大学所学的专业到底适合何种工作。这是因为大学生缺乏系统的就业创业指导，而创业教育能为大学生提供相应的指导。

首先，创业教育以培养具有开创精神、创造力的年轻人为目标，开展与社会现实联系比较紧密的教育教学活动。可以说，高校创业教育是对准备步入社会的大学生的一种全方位指导。高校创业教育最关注的是大学生在今后的人生道路的选择上遵从的是何种价值取向和行为模式，从而让大学生在大学期间对国家未来发展的"大方向"与总的方针政策有所了解，对国家的创业政策与社会就业形势有所判断，对自身未来的发展方向有所认知。

其次，创业教育能够增强大学生的创新意识，提升大学生的综合素养与能力。创业教育对大学生来说非常重要，高校必须把这种教育模式逐步规范化、体系化、层次化。另外，国家对创业教育也非常重视，因为创业教育可以提高大学生的创业素质，增强大学生的创业积极性，为大学生的创业之路提供导向意见。可见，创业教育在很大程度上为大学生的人生规划点亮了明灯，对增强大学生的创业意识、创业素质是不可或缺的。

二、有利于高校学科融合发展与互鉴

在创业教育进入我国之前，我国高校只有一种教育模式，即专业教育，就是大学生在大学期间接受的不同学科的日常教学，这些科目与大学生自身所处的院系、专业保持一致。例如，物理系的学生接受数理方法、理论力学、光学、普物实验、量子力学、固体物理、电动力学、近代实验等方面的教育；哲学系的学生接受中国哲学史、西方哲学史、科学技术哲学、伦理学、宗教学、美学、逻辑学等方面的教育。可以看出，我国大学的教育科目一般都重理论轻实践，无法与社会、就业、创业相联系，这就导致学生缺乏社会经验，因此急需进行实践教学方面的补充。

创业教育与之前的专业教育都不相同，创业教育的基础虽然是专业教育，但是能够引导和调控专业教育的开展与发展，能够实现专业教育的现代化转型发展，并且能够切实提高专业教育的针对性和有效性。基于价值取向维度分析，专业性教育机制主要以工具主义以及实用主义为主要理念，而创业教育主要以人本主义和实用主义为主。可见，虽然两种教育方式不同，但是两者内部存在互补的关系。

在世界科学技术日益进步的当代社会，要为高校建立健全创业教育体制。一方面，要努力实现创业教育与专业教育的有机融合，使创业教育与专业教育在新时代获得新的内涵；另一方面，高校创业教育由于没有融入学校的整体教学体系，与专业教育缺乏互动与学术上的融合，无法形成真正的联系，所以创业教育在学科发展中并不稳固，缺乏可持续性，而从深层次上推进创业教育利于创业教育自身充分融入专业教育的大体系之中。这样，便可在大力开展创业教育的前提下，促进专业教育与创业教育的发展与互鉴，对学科建设具有重要意义。

三、有利于促进新时代社会经济发展

21世纪人才是第一竞争力，想要更高效、更快速地实现社会主义现代化，就离不开大批量的人才，就要实现经济由工业化向人才化、知识化的重大转型。只有这样，才能够使社会经济取得更好的发展。所以，致力培养高素质、全面发展的创新创业型人才的创业教育对促进社会发展具有重要意义。

第一，想要将虚拟的知识转化为实际的产业，则需要数以万计的创业型人才，因为掌握知识的人才能够更好地掌握社会的规律以及资本，而创业教育能够充分培养他们在创业方面的能力，挖掘他们在这一方面的潜力。

第二，高等教育已经从20世纪的初露头角发展为当代的宏大规模，受过高等教育的人逐渐增多。值得深思的是，大部分受过高等教育的毕业生与理想型的高素质人才有所差距，他们对社会的依赖心较大，并且缺乏一定的创新精神、冒险精神、开拓精神，而创业教育能够弥补大学生群体的这一不足，让他们在社会中更具慧眼，找到市场发展的机遇，促进社会发展。

第四节　高校创业教育的发展历程

按照时间的发展进行划分，我国高校创业教育的发展大致可分为四个阶段。

一、高校创业教育第一阶段（1997—2002 年）

1997—2002 年是我国高校创业教育的初步实践阶段，这一时期创业教育在我国并未全面展开，也并未引起政府的高度重视，仅在少量的政策与文件中有所体现。

1998 年 12 月，教育部印发《面向 21 世纪教育振兴行动计划》，提出实施"高校高新技术产业化工程"，要求"加强对教师和学生的创业教育，采取措施鼓励他们自主创办高新技术企业。"

1999 年 5 月，我国又发布《国务院办公厅转发教育部等部门关于进一步做好 1999 年普通高等学校毕业生就业工作意见的通知》，该通知要求社会做好毕业生的就业保障工作，并且鼓励和支持应届毕业生自主创业。

2002 年，《国务院关于大力推进职业教育改革与发展的决定》提出，"深化教育教学改革，适应社会和企业需求""注重培养受教育者的专业技能、钻研精神、务实精神、创新精神和创业能力，培养一大批生产、服务第一线的高素质劳动者和实用人才""加强职业指导和就业服务，拓宽毕业生就业渠道"，同时"职业学校要加强职业指导工作，引导学生转变就业观念，开展创业教育，鼓励毕业生到中小企业、小城镇、农村就业或自主创业……工商、税务部门要研究制定优惠政策，适当减免有关税费，支持职业学校毕业生自主创业或从事个体经营，金融机构要为符合贷款条件的提供贷款。对外经济贸易部门、劳动保障部门、教育行政部门要创造条件，积极协助符合条件的职业学校毕业生到国（境）外就业"。

另外，这一阶段我国很多高校的创业教育以举办创业竞赛、创业讲座、创业模拟实践等活动为主，属于团委、学工部或就业指导中心推动的课外实践范畴。虽然也有一小部分高校开设专门的创业教育课程，或者进行专门的创业培训，如 1999 年浙江大学竺可桢学院和管理学院共同设立"创业管理强化班"，该"强化班"为非管理学专业学生提供了两年的创业强化学习，但那时，我国绝大多数高校还并未开设专门而系统的创业实践教学课程。

二、高校创业教育第二阶段（2002—2006年）

进入 21 世纪，我国很多高校已经开始在创业教育方面有所突破，创业教育的实践性更加凸显，创业课程的开展也小有规模。这与 20 世纪末至 21 世纪初相关创业政策的出台不无关系。国家关于规范创业活动的相关制度、规定、意见和具体政策，以及中央教育体制改革中关于高校招生、就业、创业制度的改革内容都为大学生创业教育的开展提供了有力支持。在这一时期，虽然政府有了比较明显的转变，但是有关部门以及社会舆论并不倾向大学生创业，还是认为大学生应当认真读书，创业这种事情应当等到毕业之后再去考虑。不过，这并不妨碍我国相关政策的展开。

2003 年 5 月，《国务院办公厅关于做好 2003 年普通高等学校毕业生就业工作的通知》指出："2003 年是普通高等学校扩招本科学生毕业的第一年。由于高校毕业生总量增加，再加上受到非典型肺炎疫情的影响，今年高校毕业生就业形势比较严峻。所以，相关部门必须认清局势，促进大学毕业生创业活动的开展，并鼓励高校毕业生自主创业和灵活就业。凡高校毕业生从事个体经营的，除国家限制的行业外，自工商部门批准其经营之日起 1 年内免交登记类和管理类的各项行政事业性收费。有条件的地区由地方政府确定，在现有渠道中为高校毕业生提供创业小额贷款和担保。"于是，国家工商行政管理总局在 2003 年 6 月份为 2003 年高校毕业生出台了有关创业的优惠政策。

2004 年 4 月，《关于深入实施"中国青年创业行动"促进青年就业工作的意见》指出中国青年是祖国的未来，是祖国未来建设事业的中流砥柱。一定要坚持把高校教育放在重要位置，并且从普及创业意识、培养创业能力、提供创业服务、优化创业环境、完善对青年的就业服务五个方面采取措施，加大对高校毕业生的引导力度，着力帮助高校学生进行创业。

2005 年，国家进一步推行相关政策，对高校创业教育课程做出新的指示。

另外，上海政府也制定相应计划，预计从 2006—2011 年由市科委与市教委每年分别出资 5 000 万元，全部投入高校创业教育的实践活动，以促进和发展高校创业教育教学。河南省与山东省等地区则相继推出大学应届毕业生的"试营业"制度，这种"试营业"由政府和相关部门提供补贴，大学生在创业之初不需额外的较多经费，在"试营业"期间的盈亏也不需要自己负担，但"试营业"并不是每个大学生都可以成功申请，必须在学科成绩比较出众并且有合理的创业意向书的情况下才能够申请成功。假如申请成功，则意味创业之初可以享受"零成本"的优惠政策。

2006年，《教育部关于全面提高高等职业教育教学质量的若干意见》提出"加强素质教育，强化职业道德，明确培养目标"，要求"高等职业院校要坚持育人为本，德育为先，把立德树人作为根本任务"，并"要针对高等职业院校学生的特点，培养学生的社会适应性，教育学生树立终身学习理念，提高学习能力，学会交流沟通和团队协作，提高学生的实践能力、创造能力、就业能力和创业能力，培养德智体美全面发展的社会主义建设者和接班人"。

这些政策都表明，国家对高校创业教育以及创业实践十分重视，各个部门也都意识到了创业的重要性。需要注意的是，我国虽然对创业教育有所重视，但是还没有真正意识到创业教育比较重要的一点是需要一定的社会环境和文化氛围。

三、高校创业教育第三阶段（2007—2011年）

2007—2011年，我国受到金融危机的剧烈影响，劳动力与就业岗位比例失调，很多学生毕业后无法找到适合自己的岗位，就业与创业问题再次成为人们的困扰，成为直接关系社会稳定与否的首要问题。在这样的社会背景下，我国又做出一系列的改革。

2007年，《劳动和社会保障部关于进一步加强创业培训推进创业促就业工作的通知》指出"创业培训是提高劳动者创业能力的重要手段，是推进创业促就业工作的重要内容"，并要求继续推动与国际劳工组织联合实施的"创办和改善你的企业"项目。

2008年，我国设立30个国家级人才培养模式"创新实验区"，这标志着我国高校创业教育的中心环节从教育教学转移到创业实践中，说明我国看待创业教育的眼光与角度发生了变化，我国教育界对待创业教育的理念产生了重大变革。一方面，我国开始认为创业教育并不只是提高大学生创业相关素养的一门课程，更是社会急需的创新型人才的具体培养路径；另一方面，我国认为高校创业教育需要更多的创新，只有创新与教育相结合，才能在我国各所高校中取得较好的教育成果，这是由我国高校多地域、多层次的特性所决定的。所以，各高校在教育教学实践中必须做到"因地制宜"。

2010年，《国家中长期教育改革和发展规划纲要（2010—2020年）》，提出："职业教育要面向人人、面向社会，着力培养学生的职业道德、职业技能和就业创业能力。"同年，《关于实施"2010 高校毕业生就业推进行动"大力促进高校毕业生就业的通知》发布，要求各地人社部门与有关部门密切配合，共同组织实施"创业引领计划"。

2011 年，《教育部关于推进高等职业教育改革创新引领职业教育科学发展的若干意见》提出："完善人才培养质量保障体系……将毕业生就业率、就业质量、企业满意度、创业成效等作为衡量人才培养质量的重要指标。"

此后，我国出台的有关高校创业教育的政策越来越完善，这说明中国政府从中央到地方都对高校创业教育形成了完整的基本政策共识。另外，政策的不断出台也使我国对完善创业环境、提升创业素质、丰富创业经验的重要性有了更加深刻的认知。一方面，我国相关部门认识到了好的创业理念的重要性；另一方面，我国相关部门认识到了优惠政策的重要性。

四、高校创业教育第四阶段（2012—2020 年）

2012—2020 年，我国高校创业教育开始进入比较成熟的阶段，不仅政府、有关部门、高校基本了解创业教育的重要性，还对大学生创业有了更多的支持，社会的创业氛围逐渐浓厚起来。

2012 年 5 月，《教育部财政部关于印发高等学校创新能力提升计划实施方案的通知》提出："加快高校机制体制改革，转变高校创新方式，集聚和培养一批拔尖创新人才，产出一批重大标志性成果。"这为我国新时代下创业模式转型与深入开展创业教育奠定了坚实的基础。同年 11 月 8 日至 14 日，北京召开中国共产党第十八次全国代表大会，大会对我国之后的社会发展模式与目标提出要求，涉及经济、政治、社会、文化等多个领域，其中也谈到关于创新的问题，指出应当"实施创新驱动发展战略"，注重"把科技创新摆在国家发展全局的核心位置"，鼓励青年一代开展创业活动。

2013 年 11 月 9 日至 12 日，中共十八届三中全会在北京召开，会议通过《中共中央关于全面深化改革若干重大问题的决定》，该决定指出："健全促进就业创业体制机制。建立经济发展和扩大就业的联动机制，健全政府促进就业责任制度。"可以说，新时代是风起云涌的变革时期，大学生作为高素质人才、作为中国未来发展的主力军，要以国家与社会发展、以实现自我价值为终身目标，抓住时代的机遇，运用自身所学努力创业。

2015 年，《国务院关于进一步做好新形势下就业创业工作的意见》提出："加强就业创业服务和职业培训……利用各类创业培训资源，开发针对不同创业群体、创业活动不同阶段特点的创业培训项目，把创新创业课程纳入国民教育体系。"

2017年，《国务院关于做好当前和今后一段时期就业创业工作的意见》提出："探索适应灵活就业人员的失业、工伤保险保障方式，符合条件的可享受灵活就业、自主创业扶持政策。"

2018年9月，《国务院关于推动创新创业高质量发展打造"双创"升级版的意见》指出："近年来，大众创业万众创新持续向更大范围、更高层次和更深程度推进，创新创业与经济社会发展深度融合，对推动新旧动能转换和经济结构升级、扩大就业和改善民生、实现机会公平和社会纵向流动发挥了重要作用，为促进经济发展增长提供了有力支撑。"

在政府下发的各项政策之外，各高校也采取了许多举措，如早期创业教育中常常出现的创业竞赛、师资培训等。

另外，KAB（Know About Business）项目也开始在我国广泛展开，对我国高校创业教育具有显著的推动作用。KAB是国际劳动组织为培养大学生的创业意识和创业能力而专门开发的教育项目。我国开始开展KAB项目无疑是高校创业教育迈出的具有积极探索精神的历史性的一步。据统计，2012年3月，KAB就已经培养了来自我国1 000余所高校的4 000多名教师，在100多所大学校园内分别成立大学生KAB创业俱乐部，并且吸引30多万在校大学生加入其中，共同交流关于创业的经验与心得。

综上，我国的高校创业教育起步较晚，于20世纪90年代初才正式起步，并且观念相对比较落后，创业教育氛围不够浓厚，仅有部分高校和地区发展较快。不过，政府对创业教育越来越重视，我国的创业教育取得一定的成效，与20世纪相比已经不可同日而语。

第五节　中国部分创业项目与组织

我国高校创业教育发展历程中涌现出一系列创业项目和活动，这些项目有些来自国外，有些是中国本土的首创，它们不仅为在校大学生的创业提供支持，还为其他社会中的年轻人提供创业指导。我国高校与其他相关部门应当继续坚持这些创业项目，力图为大学生创业带来更多的机会，为大学生的创业教育带来更多启示。

一、KAB 项目

（一）KAB 简介

KAB（Know About Business）创业教育项目指"了解企业"，是国际劳工组织为了培养大学生的创新意识与创业能力而特地开办的一项教育项目。KAB 首次进入中国是 2005 年，当时共青团中央、中华全国青年联合会与国际劳工组织共同合作，把 KAB 正式引进中国高校。到 2020 年，KAB 已经在全世界 30 多个国家广泛开展，并在一定程度上与"SIYB"项目进行联合，共同构建了一个利于学生和发展的新型平台。

KAB 一般开展于大学校园，对 KAB 感兴趣的学生可以申请加入，需要先上交自己的简历，通过审核后，才可以正式加入 KAB，并与其他成员共同参加创业大讲堂等实践活动。在各项实践活动中，由专门的教师、具有才能的学生、具有创业经验的人为学生讲解、传授创业知识，使学生成为兼具创新意识与创业能力的青年人才。

（二）大学生 KAB 创业基础课程

在对 KAB 项目进行广泛研究的基础之上，我国开始设立大学生 KAB 创业基础课程，该课程体系主张修正当代中国高校学生对择业观、创业观的一些错误看法，力图培养他们灵活就业与自主创业的信心、意识、能力，从而使他们真正实现自我价值，为社会做出更多贡献。

我国的大学生 KAB 创业基础课程所用教材是在国际劳工组织的英文版教材基础上进行修改、增删、完善而形成的中文版教材，其中加入较多符合中国特色的内容，全书一共分为 8 部分内容："什么是企业、为什么要发扬创业精神、什么样的人能成为创业者、如何成为创业者、如何找到一个好的企业想法、如何组建一家企业、如何经营一家企业、如何准备商业计划书。"[①]教师进行该书的教学时总共需要 36 个学时，要求实行学分制，修完课程获得指定学分。

另外，该书还包含讲师用书、学生用书、商业游戏。其中，讲师用书包含教学大纲与教学指南。学生用书分为第一部分与第二部分：第一部分是各种练习，能够培养大学生的各样素养，如创新意识、思维能力、分析能

---

① 胡小坤.大学生创业教育研究[M].南宁：广西科学技术出版社,2016:150.

力、访谈能力等；第二部分是阅读材料，能够培养大学生的理解能力、阅读能力。

通过 KAB 创业基础课程，学生能够更加全面地了解和学习创业知识，教师也能在教学中丰富自己的知识。

（三）KAB 相关活动

1.KAB 年会活动

KAB 年会活动是 KAB 项目在中国最重要的活动之一，主要是为了总结 KAB 一年的工作成果，并对具有卓著表现的成员进行嘉奖，对先进的院校做出表彰，对 KAB 的未来进行策划与展望，力图获得更好的发展前景。KAB 年会活动一般由共青团中央、中华全国青年联合会等组织与各高校共同举办。

2.KAB 大讲堂活动

KAB 大讲堂活动需要邀请一大批在相关学术领域或创业实践领域有所成就的人进行授课与讲解。KAB 大讲堂活动每年在国内各所著名高校巡回举办，一般每年共举办 25~35 次。著名企业家常常走进校园，将自己年少时的经历以及自己创业道路上的经验倾囊相授，并且与学生进行互动与交流。

3. 全国十佳 KAB 创业俱乐部展示活动

这项活动自 2008 开始每年举办一次，目的在于组织各所院校举办户外实践，让大学生能够从书本与课堂走到户外与社会，真正将理论与实践相结合。一方面，有利于学生群体把创业教育所学知识真正落实到实际中，另一方面，能够反过来助推 KAB 项目良好发展。

此外，还有 KAB 创业俱乐部主席暑期训练营活动、创业计划书展示活动，这些活动也是以提升大学生的创业创新能力与综合素质为目标的多方联合活动。

二、清华 x-lab 项目

（一）清华 x-lab 简介

2010—2013 年，清华大学经济管理学院与其他各院系共同举办了八场"走进商学院"和"走出商学院"系列研讨会。经济管理学院领导经过商议决定创立清华大学创意创新创业教育平台——清华 x-lab。清华 x-lab 是一个以清华大学经济管理学院为基础，由校内其他各所院系参与共同构建而成，并面向清华大学内部所有学生、校友、教师的新型创意创新创业人才发现和培养的教育平台。

清华 x-lab 中的 x 寓意探索未知、学科交叉，lab 表示体验式学习、团队工作。在清华 x-lab 之前，我们所理解的教育往往就是教师传授、学生倾听；在清华 x-lab 之后，我们开始意识到，教育更高的层次是多种教育手段的融合，是对学生创造力、创新力的提升与发挥。它的聚焦是创意创新创业，它的特色是多学科交叉融合，它的方法是实践式、体验式学习，它的教学主体既有来自各院系的教师，又有来自业界的企业家、投资人。

（二）清华 x-lab 优势

清华 x-lab 具有如下优势。

第一，清华 x-lab 能够有力推动和促进高校教育中的学科交叉，让大学生把以前看似不相及的两门或多门课程结合到一起，从而碰撞出前所未有的思维火花，形成更加独特的认知体系。

第二，清华 x-lab 注重体验式学习，能够促进学生对知识的吸收与掌握，提高学生的实践能力。

第三，清华 x-lab 能够通过与各种不同的企业合作，从而探索和研究更新颖、更具实际性的教学方法。例如，清华大学邀请彼得·蒂尔（Peter Thiel）开设《创新创业：中美新观察》课程，与 Facebook 合作设计并开设了《创新与创业：硅谷洞察》课程，与中关村发展集团股份有限公司合作开设了《创新与创业：中国洞察》课程，等等。

第四，清华 x-lab 经常举办各种活动，如"学生走出去""企业走进来"以及清华学院顾问委员会委员走进课堂活动等。

三、"挑战杯"系列竞赛

（一）"挑战杯"简介

"挑战杯"（The Challenge Cup）即全国大学生系列科技学术竞赛的简称，由教育部、共青团中央、中国科学技术协会、中华全国学生联合会、省级人民政府主办，国内著名大学承办。"挑战杯"包含两个并列项目："挑战杯"全国大学生课外学术科技作品竞赛，被称为"大挑"；"挑战杯"中国大学生创业计划竞赛，被称为"小挑"。以上每个项目每两年举办一届，可谓学术界、创业计划界的"奥林匹克"，含金量极高。每逢"挑战杯"大赛举办之际，总会涌现出一大批青年才俊，展现自己的各项成果。

"挑战杯"对我国具有重要意义，主要表现在如下两方面。

第一，有利于促进大学生自身各项能力的提升。"挑战杯"能够吸引高校学生与学术领域的专家前来参加。在参赛过程中，所有参赛选手都抱着"破釜沉舟"的决心与"锲而不舍"的恒心，在长期的学习与实践中磨炼自身，超越自我，而这一过程恰恰能让所有参赛大学生获得巨大的成长，促进自身各项能力的提升。

第二，有利于推动学校自身发展。"挑战杯"大赛每次都在高校举办，而且各所高校在举办"挑战杯"之时以及举办"挑战杯"之后都会对这场大赛所带来的一系列事件与情况进行反思与评估。各所高校能够从"挑战杯"中看到不同学校、不同领域的学子、专家的创新思维方式与学术成果，推动自身发展。

（二）"挑战杯"的发展历程

1989年，第一届"挑战杯"在清华大学正式举办，当时包括清华大学在内共计34所高校共同参与这一盛事，汇集了全国34所高校近400件作品。其中，一等奖6项、二等奖19项、三等奖38项、四等奖91项，清华大学最终取得此次比赛的胜利。之后，挑战杯一直保持每两年举办一次的惯例。表2-1介绍了1989—2021年"挑战杯"全国大学生课外学术科技作品竞赛的举办地。

表2-1　1989—2021年"挑战杯"全国大学生课外学术科技作品竞赛

届　数	年份 / 年	承办高校
1	1989	清华大学
2	1991	浙江大学
3	1993	上海交通大学
4	1995	武汉大学
5	1997	南京理工大学

届　数	年份 / 年	承办高校
6	1999	重庆大学
7	2001	西安交通大学
8	2003	华南理工大学
9	2005	复旦大学
10	2007	南开大学
11	2009	北京航空航天大学
12	2011	大连理工大学
13	2013	苏州大学
14	2015	广东工业大学 / 香港科技大学
15	2017	上海大学
16	2019	北京航空航天大学
17	2021	四川大学

四、SIYB 项目

SIYB 项目源自瑞典。20 世纪 80 年代后期，瑞典与国际劳工组织共同创办一所名为"IYB"的企业，即"Improve Your Business"，进入 20 世纪 90 年代，又相继出现 SYB 与 GYB，它们的含义分别为"创办你的企业""产生你的企业想法"。2003 年，国际劳工组织又在斯里兰卡开发出 EYB，指"扩大你的企业"，虽然这些企业或组织的名称各有不同，但是它们内部隐含着一些联系。后来，国际劳工组织终于把它们统称为"SIYB"，包含 IYB、SYB、GYB、EYB 四种项目。

2001 年，国际劳工组织与中国达成合作，经国家劳动和社会保障部引入中国。中国希望通过 SYB 的相关培训，帮助国内下岗人员找寻商机，创办小微企业，使他们为社会做出自己的贡献。

2004 年 7 月，SIYB 中国项目正式开始启动，并进行包含 IYB、SYB、GYB、EYB 四种项目在内的多种培训，2007 年，SIYB 项目在中国告一段落。虽然该项目已经停止，但是它对中国创业的影响力仍未消失。

五、YBC 项目

（一）YBC 项目简介

YBC（Youth Business China）即中国青年创业国际计划，通过构建 YBC 公益创业体系，促使国家的教育环境与社会环境逐步改善并走向成熟，提高大学生的创业能力与社会对创业的认可、接受能力。YBC 帮扶的人员一般为 18 ～ 35 岁没有工作或处于半失业状态的年轻人，只要他们具有一定的商业头脑，具有一定的创业计划，并且这些创业计划是可行、有潜质的，就可以接受 YBC 的资助。YBC 会对这些年轻人提供 3 ～ 5 万元的无息无抵押创业项目初始启动资金，并且为他们配备免费的导师咨询服务与网络创业平台服务。

YBC 项目主要包含如下几种服务方式或途径。

第一，导师志愿者。导师是 YBC 的主体，必须有爱心、责任感、创业知识与经验、良好的授课能力、果断的决策能力，并且能够为年轻人提供创业所需场所、人力资源等。导师可采取几种不同的工作模式：①一对一辅导，即导师一对一辅导创业的年轻人，期限为 3 年，每月双方必须不少于 4 小时的面谈时间；②专业辅导，即导师在年轻人创业前期、初期，为其提供比较充足而丰富的咨询和培训服务；③评审辅导，即导师对年轻人的创业意向、创业计划进行审查，并提出可行性建议，以免年轻人的创业走向"歧途"。

第二，导师行。导师行是 2012 年才开始举办的、以导师巡诊为主要模式的活动，涉及山东省、青海省、辽宁省等地，曾巡诊年轻企业逾 300 家，对某些运营状况不佳的企业提出了实际可行的改进方案，从而使它们"重获新生"。

第三，系统的培训体系与学习计划。在培训上，YBC 主张建立全面而成体系的培训平台，使大学生、待业青年、创业青年、导师等人群在平台上共同交流沟通，从而更好地发现问题、解决问题、提升各项能力。YBC 已经开展的培训包括创业青年培训、导师志愿者培训、项目管员培训等。在学习上，YBC 创办创业学院，创业学院主要针对创业青年、创业导师、公益服务者等人群进行教育，以提升创业青年的创业能力、创业热情、创业意识，提升创业导师的工作热情、专业能力，提升公益服务者的公益热情。

第四，广泛的国际交流与合作。在世界各国联系日益紧密的大趋势下，YBC从未停下脚步，曾先后与青年创业国际计划、世界经济论坛、G20青年企业家联盟、亚太经济合作组织建立密切的合作伙伴关系。这种伙伴关系的确立一方面为YBC带来更多展现自我的机会，能够让YBC成员对不同国家、不同组织提出自己的见解，提升中国的影响力；另一方面能够从其他国家不同的组织中学习各种创业经验，以推动我国YBC项目更好地发展。

（二）YBC项目发展历程

2003—2005年，YBC项目初次在中国开始探索并实践，仅2003年在我国就有5个试点城市，在我国相关领域工作人员的不懈努力下，只用两年时间，就把YBC的英国模式改变成了具有中国特色的中国模式，为我国创业年轻人提供了极大的帮助。至2005年底，我国受到YBC扶持而得以成功创办的企业数量近100家。

2005—2007年，YBC项目在此前的基础上又加大创新力度，在中国社会快速发展的背景下，做出符合中国国情的转变，在部分城市开始探索与其他组织、其他领域的跨界合作，从而为YBC注入了新的活力。例如，昆明、成都、宁夏、丽江、德州、泰安、辽宁、沈阳、鞍山、营口、绵阳等地与政府、工商界、社会组织开始广泛进行合作。至2007年底，YBC项目在我国扶持并资助的年轻人创业项目多达600家。

2007—2009年，YBC项目又出版了《YBC模式标准典章》，该典章对YBC的一些守则与规范进行完善与修订。

2009—2010年，在信息化高速发展的时代背景下，YBC开始大力推行网络服务，独创YBC数字服务系统，为万千创业者提供咨询与服务的业务，并且通过网络实现了创业资源的互通与共享。

2010—2012年，YBC项目取得划时代的成绩，仅用两年时间，其扶持年轻人创办的企业就从1600家直接跃升至6000家，可见YBC项目已经发展得十分成熟，并十分适应中国社会的发展方式，能够对年轻人创业起到至关重要的促进作用。

六、众创空间

众创空间指创新型孵化器，是大学校园内的创业实验园区，是在顺应创新 2.0 时代用户创新、开放创新、协同创新、大众创新的趋势下，构建的低成本、便利化、全要素、开放式的新型创业公共服务平台的统称。

谈到众创空间，先要了解创客与创客空间。创客源自英文"makers"，指勇于打破常规，在新时代创造新鲜事物的人群，创客空间就是这样一批人进行打造和构建的创造空间，最早曾被称为制造空间，后来随着其内涵演变以及社会发展而更名为创客空间。创客空间对具有创业与创新精神的年轻人有重要意义。首先，它为年轻人提供了一个交流平台，使他们可以各抒己见，表达自己的各种看法；其次，它为年轻人提供了一个创造的场所，可以满足他们办公、交流、资源搜寻等多种需求。

众创空间就是在创客空间的基础上经过发展与完善而形成的一个生态网络、一个创业服务平台。与之前的创业方式与创业环境不同的是，它为创业者提供了创意分享、合并生产和孵化服务式的创业环境，可见，这是一个高度开放性的平台。

2015 年 3 月 2 日，国务院办公厅《关于发展众创空间推进大众创新创业的指导意见》印发，对众创空间之后的发展提出八项任务：构建一批低成本、便利化、全要素、开放式的众创空间；降低创新创业门槛；鼓励科技人员和大学生创业；支持创新创业公共服务；加强财政资金引导；完善创业投融资机制；丰富创新创业活动；营造创新创业文化氛围。

针对以上政策，相关部门也做出适当的调整。例如，拓宽众创空间涉及的领域，并将这些领域进行整合，将线上网络平台与线下平台巧妙结合；尽量简化工商注册的步骤，减免大学生创业所需要的房租、手续费；为优秀青年提供一定的资金、场地、服务、咨询方面的支持；为小微企业提供更加方便、快捷的低息借贷服务；等等。

第六节 中国部分高校创业教育案例

我国高校创业教育的"排头兵"当属国内最具代表性的 9 所教育试点院校，分别是清华大学、中国人民大学、北京航空航天大学、上海交通大学、南京财经大学、武汉大学、西安交通大学、西北工业大学、黑龙江大学。其中，作为国内最早开展创业教育的高校之一，清华大学在创业教育的理论和实践方面进行了有益和积极的探索，在国内高教界发挥了重要的向导作用和引领作用。下面从清华大学开始，对在创业教育方面取得一定成绩的我国部分高校分别进行论述。

一、清华大学创业教育

（一）清华大学创业教育的发展历程

清华大学是我国最重要的高等学府之一、国家科研人才培养基地。截至2018年，清华大学有校级科研机构将近400个，其中在政府的大力支持与批准下构建的机构占近一半。可见，政府以及相关教育部门对清华大学的建设十分重视。

1997年，清华大学学生创业协会正式成立，协会以"投身大赛、关注产业、体验创业、锻炼能力"十六大字为理念，大力支持大学生进行创业知识的学习，培养大学生的创业素质，并要求学生将理论与实践相结合，以此为创业教育赋予更多实际意义。

1998年，清华大学在经济管理学院多名老师与学生的共同倡导下首次在MBA的教育与培训中开展了一个新的学科方向——创新与创业管理，该方向除了对学生进行关于创新方面知识的教育，还经常举办一些比赛、沙龙、讲座等活动，从而使校内创业氛围逐渐浓厚。同时，全校本科生无论任何专业，都要学习创业管理课程，对创业教育有所了解、有所认知。之后，清华大学又努力筹办创业计划大赛，创业计划大赛要求参加的学生把自己制定的创业计划展现在全校师生面前，虽然当时的创业计划比较偏重理论与构想，还不能完全付诸实践，但是这种比赛的势头已经在很大程度影响到学校内外的创业氛围，学生开始意识到灵活就业与创业的可能性与重要性，因此，创业计划大赛便一直举办下来，每两年举办一次。

2000年12月，清华大学在经济管理学院的支持下，在学校逐渐浓厚的创业氛围中，在越来越多具有创业信心年轻人的期望之下成立中国创业研究中心。该中心不仅针对清华大学校内的学生，还为其他院校的部分精英学子以及相关领域学术组织提供政策咨询等服务，并且致力开展创业、投资等方面的教育活动，立志成为中国创业领域的"领导者"。2001年，中国创业研究中心又与斯坦福大学、百森商学院、新加坡国立大学、汉诺威大学等多所知名院校开展了关于高校创业教育的学术讨论、师资培训、学者互访等活动。

2005年，清华大学经济管理学院与微软公司合作，共同开设大学生选修课"技术创业——未来企业家之路"，次年，又增设一门"创业机会识别和商业计划"，对清华大学历年历届优秀学生的创业计划、创新成果进行介绍，并大力提倡创业。

2009年，清华大学与加利福尼亚大学伯克利分校开展合作，举办清华—伯克利全球技术创业教育项目启动仪式暨论坛，两所名校一东一西共同畅想创业教育未来发展的新篇章。清华大学与加利福尼亚大学伯克利分校的所有名师齐聚一堂，共同深入研究与探讨高校创业教育的课程规划、课程目标、教学理念、教学模式等。另外，清华大学还在校内选取部分英语口语能力较强、具有较为浓厚的创业信心与创业激情、具有一定创新能力的优秀学生接受两所名校中的优秀创业导师的专门培养，从创业知识的普及到创业技能的提升都有所涉及，从而大大提高了我国大学生的创业能力。

2013年，清华大学成立"三创空间"，指创新、创业、创意，以为大学生的创业提供支持。

2016年，清华大学《国务院办公厅关于深化高等学校创新创业教育改革的实施意见》的指导下，发布了《关于深化创业教育改革的实施方案》，提出高校创业教育已经成为高校教育改革的重点内容，必须建立更加全面、更加系统的创业选修课程。此外，还要将创业教育与传统的教育课程、教育方式深度融合，让教育不再仅停留在课本与课堂，而是真正实现理论与实践的结合。

2016年之后，清华大学又在上述各种创业机构以及相关活动的支持下，大力创办创业平台，力图实现创业教育的大发展，其中包括校团委的"创+"、兴趣团队、基础工业训练中心与经济管理学院的x-lab等。清华大学这些年在高校创业教育方面做出的努力不仅使其自身成为创业的先驱者，更为其他高校提供了一笔宝贵的财富。

（二）清华大学创业教育的特点

首先，清华大学创业教育注重管理，强调落实主体责任，一方面要多部门共建教学体系，另一方面要严抓教学管理。例如，成立了以校长为组长、教务领导与党政领导为副组长的领导小组，领导小组下辖工作组，工作组则由教务处构成。又如，由创业课程授课教师或者具有一定创业经验与能力的教师共同组成委员会，为学生提供创业问题的解答。

其次，清华大学不仅开设了"创业导引——与创业名家面对面"等通识教育课程，也开设了创业相关的辅修专业、第二学位专业、第一学位专业、研究生专业等，进行多角度的创业教育。

最后，清华大学创业教育注重实践，努力整合各方资源，实现了专业实验室、虚拟仿真实验室等实验教学平台的共享。另外，还经常联合学校内外各界力量共同举办创业竞赛、创业讲座论坛。

二、武汉大学创业教育

2000年，武汉大学提出"三创理念"。次年，在武汉大学举办的本科教学工作会议上，学科领导人与学校管理部门根据"三创理念"提出"三创教育"，即创造、创新和创业教育理念，并把"三创教育"作为高校教育发展的重点指导方针政策，这代表武汉大学开始摸索并建立新时代下交叉多元的高校创业教育模式。之后，武汉市计委、经委、东湖开发区三家共同出资成立武汉世博投资公司，该投资公司以提高大学生创业能力，为大学生创业保驾护航为己任，特地成立了大学生创业风险金。大学生如果有创业计划，可以先把创业计划书交到投资公司，由投资公司的专业人员对创业计划书进行审查后，在计划可行的情况下，将为大学生提供一笔启动资金。假如创业成功，投资公司会占有一部分提成；假如创业失败，投资公司也会为大学生"买单"。可见，创业风险金对大学生创业的重要性。

武汉大学也创办了创业教育试验班，试验班的成员为各个不同专业成绩比较优异、具有一定的创新意识与创造精神的大学生，他们进入试验班后，在必修课程之余参加试验班的课程，不仅可以体验当时比较先进的弹性化学制，还能在有明确的创业意向和丰富的创业知识的情况下申请保留学籍休学创业，当创业取得一定规模后，再回到学校继续就读。这样，学生在实现创业梦同时，可以拿到自己的学位，还能在回校复读之时为学校做出一些贡献。

另外，武汉大学吸收清华大学创业教育的一些特色，如校校联合、校企联合活动，着力举办各种与大学生创业相关的学术论坛、学术讲座、学术沙龙等活动。同时，武汉大学为大学生建立了创业指导中心与创新实践中心，这两个机构一般由部分校内导师管辖，由学生会、优秀学生干部管理，有时会邀请校外的知名学者、专家为大学生进行授课，或者模拟大学生创业的实践过程，有力地推动了创业课程的发展。

三、大连理工大学创业教育

大连理工大学是教育部直属全国重点大学，是国家"211工程"和"985工程"重点建设高校，也是世界一流大学A类建设高校。学校以培养精英人才、促进科技进步、传承优秀文化、引领社会风尚为宗旨，秉承"海纳百川、自强不息、厚德笃学、知行合一"的大工精神，致力创造、发现、传授、保存和应用知识，勇于担当社会责任，服务国家，造福人类。

（一）大连理工大学创业教育的发展历程

大连理工大学以注重实践、注重科研而著称，所以该校的创业教育以及创业教育相关的实践活动开展较早。1984 年，校内的部分教师已经开始自发组织一些学术型研究组织，他们对当时西方国家的创业教育教学与管理模式进行研究，并对比中国创业教育的落后现状，提出一些改进措施。由于这时我国创业教育刚刚起步，所以成效并不显著，但是他们对创业教育的研究从未止步。

1985 年，大连理工大学成立大学生创造发明协会，两年后更名为大学生科技协会，1990 年又再次更名为大学生科技活动中心，直到 1993 年，定名为大学生科技开发服务中心。

1997 年，大连理工大学在不断提高对创业教育的重视程度的同时，开始意识到创业与创新之间的重要联系，成立了创新教育实践中心与新希望产品开发研究所。2003 年正式成立大连理工大学大学生创新园，并被共青团中央、全国青联命名为"全国青年科技创新教育基地"。创新园内不仅拥有数量充裕的高质量创业创新教师，还配有多种关于创业与创新研究的专业设备。

2007 年，大连理工大学大学生创新园更名为创新实验学院，成为与其他学院地位相同的独立二级学院，内部包含创新实践中心与创业教育中心。可见，大连理工大学对创业与创新的重视程度。学院面向全校所有学生，招收学习成绩优异并对创业感兴趣的学生，对他们进行创业教育基础课程教育和创新创业实践教育，下设十几个不相同的专业与方向，而且政府对此表示支持，出台了一些支持政策。在这种联动培育模式之下，大连理工大学培养出一批勇于开拓、善创新、高素质，强能力，精专业，肯吃苦、高应变的创业人才。

2008 年，大连理工大学又相继创建"强化创新实践的工程创新拔尖人才培养模式创新实验区"和"立体化创业教育人才培养模式创新实验区"，这两个人才实验区同时被批准为国家级人才培养模式改革实验区。现在，大连理工大学已经形成规模体系庞大、战略布局多方位的创业教育规模，许多优秀毕业生也在当年优质的教育之下取得一系列傲人成绩。

（二）大连理工大学创业教育特点

首先，大连理工大学创业教育注重体验式课程，这也是对《普通本科学校创业教育教学基本要求（试行）》的响应。体验式课程能够在我们大脑中留下深刻印象，让我们最大限度地记住关于创业的知识。大连理工大学的体验课程包括"创造性思维与创新方法""创业设计与实践"等，能够让学生在体验的基础上学习创业知识，从而获得更多创业知识。

其次，大连理工大学创业教育注重模拟与实训。创业教育与一般的学科教育不同，是与实际紧密相连的课程，必须突出模拟与实训的特点。大连理工大学时常模拟商业情景，进行网络创业实训，举办"挑战杯"大赛。商业情景可以加深学生对自我的了解与认识，提高学生对创业的兴趣；网络创业实训可以在网络平台上模拟公司场景与环境，让学生体验处理各项业务的过程，降低今后创业失败的风险；"挑战杯"大赛是我国大学生重要的创业比赛，对于激发创新创业意识、丰富探索精神具有重要意义。

四、香港科技大学创业教育

香港科技大学（The Hong Kong University of Science and Technology），简称港科大（HKUST），为环太平洋大学联盟、东亚研究型大学协会、亚洲大学联盟、中国大学校长联谊会重要成员，并获 AACSB 和 EQUIS 双重认证，是一所亚洲顶尖、国际知名的研究型大学。该校以科技和商业管理为主、人文及社会科学并重，尤以商科和工科见长。

香港科技大学是香港政府为配合 20 世纪 80 年代经济结构转型需要而创办的香港第三所大学。1986 年 9 月，香港科技大学筹备委员会成立。1991年 10 月，香港科技大学举行开幕典礼。2007 年 1 月，香港科技大学霍英东研究院成立。2019 年 9 月，香港科技大学（广州）获批筹建。

建校以来，香港科技大学创造了全球最细单壁纳米碳管、全球最高像素的照片、全球首创的智能杀菌涂层、全球排名第一的 EMBA 课程等国际领先的教研成果，培养了大疆创新创始人汪滔、通信与信息系统专家陆建华等各领域杰出人才。

（一）香港科技大学创业教育发展历程

香港科技大学是一所以商科、工科为主要优势的国际研究型优秀大学，自香港科技大学成立之日起，就十分重视学生实践能力与创新精神的培养，因此培养出多名具有创新精神的科学界人才与商业巨子。

香港科技大学于 2000 年开始创办创业中心。创业中心作为全校的创业教育核心，对所有师生的创业教育、创业培训、创业意向进行统一管理，下辖大学生创业教育相关的董事会、委员会等机构，为大学生提供各项创业咨询服务。

在 2011 年的"QS 亚洲大学排名"中，香港科技大学排名第一，受到社会各界的广泛关注，其中，香港的商界精英也纷纷抛出橄榄枝，愿与香港科技大学形成有机互动与校企合作。

2012 年，香港科技大学创业学生组织在"亚洲创新论坛青年创业大赛"中跻身六强，次年又在"E 挑战杯——创业计划挑战赛"荣获冠军。

（二）香港科技大学创业教育的特点

1. 清晰可行的教学目标

首先，香港科技大学创业教育的目标普遍定位于提高学生的创新能力、创业能力、综合素质，让学生能够在毕业后与社会无缝衔接，能够直接在各个企业、各个岗位发挥自己的作用，为社会做出贡献，并且能够在适当时机创业。可见，港科大的创业教育目标定位清晰，一切都以学生的未来发展为主。

其次，香港科技大学创业教育的目标注重实际可行性，如果教育不能作用于实际，不能作用于现实社会，那么将毫无意义。所以，香港科技大学的创业教育在注重提高学生创业能力，促进其自身发展的基础上，还极力满足学生的就业需求，以创业知识与实践能力培养为重点，彰显创业教育目标的前瞻性。

2. 理实并重的教学内容

香港科技大学的创业教育教学内容具有多样化、多元化的特征，还重视理实结合，即理论与实践相结合，让知识不仅仅停留在书本，还应用于创业竞赛、创业活动中。例如，香港科技大学有"创办你自己的企业"系列创业研讨会、创业训练营、香港科技大学"一百万美元创业大赛""星期五梦想家"等特色课程。通过这些课程的学习，学生不仅可以把自己学习到的创业理论知识付诸实践，还能通过互相交流获得很多创业所需的实用性技能。

3. 科学系统的课程结构

香港科技大学的创业课程结构科学，必修课程与选修课程相互补充，满足了不同学生的个性化需求。在创业教育日常教学活动中，香港科技大学重视让学生在做中学、在学中做。

4. 提供创业支持

香港科技大学关注学生在创业道路上的发展前景，对学生进行"保驾护航"，制定了一系列创业支持政策。首先，为学生提供"孵化"支持，学生的创业计划如果通过审核，可以获得3年的场地与公共设施免费使用权；其次，帮助学生把教师、学生、政府基金、风险投资、科技园、企业、国外高校、其他资源等众多信息整合到创业中心平台，让学生拥有强大的创业资源搜寻方式；再次，香港科技大学创业中心基本每年都会投入百万以上的港币，作为支持校内学生的创业资金；最后，香港科技大学会经常为学生举办创业研讨会，邀请国内外著名企业家、创业学专家学者，让学生与企业家在会上各抒己见、交流想法，既开拓了学生的思维，又为他们提供了许多创业经验。

黑龙江大学牢固树立"立足黑龙江、面向全国、服务社会"的观念，通过整合、凝练和优化校内外优势资源及校企合作等方式，形成了以人文社科基地、重点实验室、工程中心和大学科技园为主的综合性科技文化创新服务体系，努力为高教强省和科教兴国做出积极贡献。在人文社会科学方面，黑龙江大学充分发挥"智囊团"和"思想库"的作用，围绕黑龙江经济建设、社会发展和文化繁荣，通过广泛参与决策咨询、承担高层次项目和应用性研究课题、参与重大理论和现实问题研究、担任实际部门顾问等多种形式，服务地方经济建设、对俄经贸文化交往和边疆文化大省建设作出积极贡献。在自然科学领域，黑龙江大学强化理工科优势特色，不断加强科技成果转化与产业化的力度，特别是在生物技术、化学化工、电子信息等领域取得了大批科技创新成果。

（一）黑龙江大学创业教育的发展历程

自2002年成为创业教育试点高校起，黑龙江大学的创业教育便蓬勃发展，并形成了自己的特色。

2002年，黑龙江大学创业教育学院正式成立，学院主要负责校内关于创新与创业的各项事宜，包括教学、讲座、论坛、创业支持、创业指导、创业咨询等服务。该学院的主旨为"面向全体、基于专业、分类培养、强化实践",注重培养和强化大学生的创新意识与创新能力,力求打造一支新时代极具创新精神的青年队伍。同时,设立 8 个创新创业教育必修学分,打造创业课程、创业创新实践、创业保障与支持三者共通体系,为全校学生开设 2 000 余门次创新创业教育课程。

2004 年,黑龙江大学创立大学生科技创业园,创业园占地 4 000 平方米,"分为科技研发区、信息技术区、文化创意区、营销服务区、成果展示区"①。大学生科技创业园为大学生提供创业咨询、团队孵化、多边支持、模拟实践等多重帮助。如果说创业教育学院更重视对大学生创业教育相关知识的传授,那么科技创业园更加重视大学生创业实践能力的培养,两者共同促进创业教育不断发展。

随着社会发展,黑龙江大学又不断出台多种政策与方案,以助力大学生创业教育与创业活动的开展。"学校先后出台了《黑龙江大学创业教育方案》《黑龙江大学创业教育教学基本要求》《黑龙江大学学生创业种子基金管理暂行办法》《黑龙江大学学生创业团队管理办法》《黑龙江大学创业教育学分管理条例》《黑龙江大学学业导师制工作实施细则》《黑龙江大学学生学术科技创新项目管理条例》《黑龙江大学创新实验室项目化管理实施办法》《黑龙江大学创业教育通识选修课程教学要求》《黑龙江大学创业教育专业选修课程教学要求》等近 30 份文件。"②

(二)黑龙江大学创业教育的特点

黑龙江大学比较注重融入式的教育模式,那么什么是融入式呢?

融入式的教育模式主要包含以下几部分:第一,把关于创新与创业最前沿、最权威的各种知识体系与教学理念融入高校学生创业教育教学与培养的计划中,课程为 8 学分,这 8 学分全部融入专业人才培养计划的学分总数之内;第二,把潜在创业者的培养融入就业教育;第三,创业课程与传统课程相融合;第四,创业的实践与活动不应与教学活动区分,要真正融入教学中;第五,创业教育相关的保障与制度要融入人才培养保障体系。

① 胡小坤.大学生创业教育研究 [M].南宁:广西科学技术出版社,2016:171.
② 胡小坤.大学生创业教育研究 [M].南宁:广西科学技术出版社,2016:170.

六、西安交通大学创业教育

西安交通大学是我国最早兴办、享誉海内外的著名高等学府，是教育部直属重点大学。19世纪末，甲午战败，民族危难。近代著名实业家、教育家盛宣怀秉持"自强首在储才，储才必先兴学"的信念，于1896年在上海创建了南洋公学，1921年定名为交通大学。学校坚持"求实学，务实业"的办学宗旨，强调"修一等品行、求一等学问、创一等事业、成一等人才"的办学目标。至20世纪二三十年代，学校形成了独有的"理工管"特色，被誉为东方的"MIT"。抗战时期，学校移至租界，内迁重庆，坚持沪、渝两地办学，为抵御外侮，不少学生投笔从戎，浴血沙场。中华人民共和国成立前，师生积极投入民主革命和解放斗争，学校被誉为"民主堡垒"。

1955年，中央决定交通大学内迁西安；1956年起，师生分批迁赴西安；1957年，分设为交通大学西安、上海两个部分，实行统一管理；1959年，交通大学西安部分定名为西安交通大学，同年被列为全国十六所重点大学之一。2000年国务院决定将西安交通大学、西安医科大学、陕西财经学院三校合并，组成新的西安交通大学。

西安交通大学是"七五""八五"重点建设单位、首批进入国家"211"和"985"工程建设学校，2017年入选国家"双一流"建设名单A类建设高校，8个学科入选一流建设学科。

（一）创业教育原则

第一，专业教育与创业教育有机融合。

第二，专业实习与就业实习有机融合。

第三，大力支持大学生发挥自身长处，提倡个性化发展。

第四，致力培养和提高学生自身的抗压与抗风险能力。

西安交通大学的创业教育事业在以上原则的指导之下，为学生学习与发展提供更多保障，也为他们提供了更多自由自主的发展空间。

（二）创业教育管理

学校专门成立工作领导小组与专家委员会。领导小组的负责人由高校的副校长担任，其下属成员包括高校的教务部门、就业部门等诸多成员。专家委员会的负责人由校内不同专业、不同领域的专家组成，他们对大学生的创业计划、创业意向进行审阅与评定，优秀的创业项目将被专家与老师推荐。

学校内专门办有创业类的选修课程，创业类课程不止一门，而是根据创业的侧重点不同，设有多门创业课程，如创业指导、创业理论、创业意识等课程，以提升大学的创业能力。

为让大学生创业教育取得更好的发展，学校特地建立了许多校级创业教育机构，开展了一系列创业教育活动。一方面，学生能够在这些机构与活动中更广泛接触创业相关的知识与创业的前沿动态，从而加深自己对创业的理解。另一方面，学生能够在不同的活动中将自己的创业成果、创业计划、创业想法展现出来。

七、西北工业大学创业教育

西北工业大学坐落于陕西西安，是一所以发展航空、航天、航海（三航）等领域人才培养和科学研究为特色的多科性、研究型、开放式大学，是国家"一流大学"建设高校（A类），隶属于工业和信息化部。学校于1960年被国务院确定为全国重点大学，"七五""八五"均被国务院列为重点建设的全国15所大学之一，1995年首批进入"211工程"，2001年进入"985工程"，是"卓越大学联盟"成员高校，先后获得"全国文明单位""全国文明校园""全国毕业生就业典型经验高校""全国民族团结进步创建活动示范学校""全国创先争优先进基层党组织"等荣誉称号和表彰奖励。学校秉承"公诚勇毅"校训，弘扬"三实一新"（基础扎实、工作踏实、作风朴实、开拓创新）校风，确定了"五个以"（以学生为根、以育人为本、以学者为要、以学术为魂、以责任为重）的办学理念，扎根西部、献身国防。

西北工业大学在潜心研究学问、专注教书育人的同时，以国家战略需求为牵引，政产学研融合发展，走出了独具特色的创业教育模式。即学校聚焦国家重大战略部署，瞄准西部大开发、陕西新时代追赶超越新篇章、长三角区域一体化发展、粤港澳大湾区建设等发展机遇，与地方政府开展深度合作，以科技成果转化驱动带动创业教育，发起并成立了陕西空天动力研究院、陕西网络创新研究院、西安柔性电子研究院等创新机构，协同推进"翱翔小镇"、环西工大创新带建设，扎实推进北京、上海、重庆、深圳、青岛、宁波、太仓等异地创新机构的建设。学校积极推进科技成果转化，获批首批高等学校科技成果转化和技术转移基地。依托优势学科创新成果培育的铂力特、鑫垚等一批高新技术企业，学校在陶瓷复合材料、增材制造（3D打印）、高端装备制造、智能水下航行器等领域取得丰硕成果，成为地方经济转型升级的中坚力量和区域经济发展的创新源头，逐步形成了行之有效的科技成果转化和产业化的"西工大模式"创业教育。

（一）创业教育原则

第一，注重提升大学生的创新意识、创业精神、责任意识、敬业意识。

第二，注重创业实践与创业教育的结合，在这一点上与西安交通大学十分相似，两者都把实践看作创业教育的重要环节。

（二）创业教育管理

1. 西北工业大学科技园

2001年5月，西北工业大学在教育部与科技部的批准下，开始创办科技园。科技园由于占地面积较大，约73公顷，所以并没有设在学校内，而是建造在西安高新区，其中包括国防科技园、研发孵化基地等多种创业实践场所。

2. 西北工业大学研究生创业种子基金

"种子基金"的主旨为大力培养具有科研与创造能力的新型研究生，并通过大量新型人才的产生而逐渐形成一种更具创新氛围的社会环境。"种子基金"可以分为一般项目、探索类项目、特殊项目。其中，一般项目具有一定的科学技术含量和难度，具有一定的发展潜力与社会价值，周期在1年之内；探索类项目的科技含量与运行难度均比较高，潜力也更大；特殊项目指策划、成果转化类项目等。

八、南京财经大学创业教育

南京财经大学是一所以经济管理类学科为主，经济学、管理学、法学、工学、理学、文学、艺术学等多学科支撑配套、协调发展的江苏省属重点建设大学。历经多年改革发展，学校知名度迅速扩大，教育质量不断提高，综合实力明显增强，社会声誉全面提升，各项事业迈上了新的台阶，显现出了发展的强劲势头和改革的崭新气象。

南京财经大学是省属重点本科财经类高校中比较有特色的一所学校，其创业教育模式具有一定的地方特色。

（一）创业教育原则

南京财经大学的创业教育具有如下原则。

第一，第一课堂与第二课堂巧妙衔接、紧密相连。

第二，注重因材施教，既要进行创业相关的集体授课，又要针对特殊学生群体进行特殊化的小规模差异化授课。

第三，加大对职业发展教育的力度。

（二）创业教育机构

学校内设有大学生职业发展中心，由副校长担任职业发展中心的最高领导者，由学生处处长、学生处分管创业与就业工作的副处长等人担任副主任等职位。

另外，还组织了一支专职与兼职混合的创业教育师资队伍，让专职教师和兼职教师共同为大学生进行创业知识与创业实践的教学工作。同时，大学生职业发展中心策划与安排了学校的第二课堂等各种教育活动，并协调进行课程建设，开展科研项目。

九、温州商学院创业教育

温州商学院是目前浙南地区唯一一所商科类本科院校，前身是被誉为中国高水平独立学院的温州大学城市学院，2016年转设为温州商学院以来，成为国家教育体制改革试点院校，获批列入浙江省新增硕士学位授予立项建设单位，与中南财经政法大学合作培养硕士研究生。温州商学院以商科为主，构建以经济学、管理学为主，工学、文学、艺术学等协调发展的学科专业体系。25个本科专业和10个专科专业充分考虑学生就业需求，紧密对接温州国家金融综合改革试验区浙南现代服务业与港口物流中心和温州时尚化发展战略培养社会所需人才，近三年毕业生平均就业率达95.42%。学校拥有一支结构合理、精干高效、素质优良、专兼结合的师资队伍。专任教师中副高以上专业技术职务占30%，研究生学历占64%。构建"三百"引智工程，柔性引进100名著名学者、100名企业家和100名业界专家担任学校特聘教授、兼职教授、客座教授，为学生提供最专业的学科知识技能和最前沿的学科信息动态。学校建有经济管理、信息工程、艺术设计、英语及基础5个实验教学中心，共49个专业实验室、11个基础实验室。其中，经济管理实验教学中心被列为温州市高校实践教学示范中心，经济管理、信息工程实验教学中心为省级合格实验教学中心。建有 72 个校企合作实践教育基地，开设期货订单班、浦发银行班、阿里巴巴特色班等校企合作定向实践班。

学校紧紧围绕国家深化高校创新创业教育和推进应用技术型高校建设的战略部署实施建设，设有国家金融与发展实验室温州研究基地、温州乡学院、温州"两个健康"研究院、"一带一路"温商研究中心、浙江省汽摩配技术创新服务中心、温州新金融研究院等 15 个科研机构，以区域经济、民间金融、中小企业发展、创业教育为主要研究方向。

学校学生在第十四届"挑战杯"全国大学生课外学术科技作品竞赛中荣获一等奖，并多次获浙江省"挑战杯"一等奖、职业生涯规划大赛一等奖，毕业生创业率高达 8.06%，位居全省本科院校第 2 名，走出了众多优秀创业校友。学校注重爱心教育、责任教育，鼓励学生多元化发展。素质教育平台"爱心专列号"足迹遍布省内外，援助 5 000 余人次。拥有浙江省十佳社团"绿豆环保"组织、"汉愿行"协会、跆拳道协会。学生志愿者更是连续三年为全省 90 条母亲河做"体检"，使全省水质得到显著改善。学校坚持走国际化发展之路，2011 年开始携手英国、美国、澳大利亚、日本、韩国等国家的 100 多所知名院校开展合作办学，如英国的爱丁堡大学、杜伦大学、考文垂大学、林肯大学，美国迈阿密大学，澳大利亚国立大学、悉尼大学等。学校通过"菁英计划"培育工程实现"本硕连读直通名校"，设立"4+1""3+1+1"本硕连读"菁英班"、"2+2"双本科等项目，为学生提供多项升学选择。学校成立了由海内外专家教授、雅思教师、留学生导师、思政辅导员四位一体的精细化全程服务团队，满足学生本硕连读培养过程中专业提升、语言能力学习、留学规划、学历认证等系列高层次、个性化需求和服务。学校现有本硕连读"菁英班"在读学生近 3 000 人，截至 2019 年末，已有近千名毕业生分别进入英国爱丁堡大学、美国迈阿密大学、澳大利亚悉尼大学等世界名校继续深造，且始终保持海外名校留学申请录取率 100% 的不凡纪录。学校利用优质的国际化教学资源，为学生提供国外短期学习、校际互访、带薪实习等体验式微留学机会，实现学生思维创新与专业素养同步提升，使学生成为兼具国际视野和创新思维的复合型人才。

（一）温州商学院创业教育原则

温州商学院把国际化和创业教育作为学校的办学特色，多层次、全方位开展创业教育。学校专门成立了创业教育委员会，统一协调组织创业教育，并下设创业教育研究院、各二级学院分委员会，全力在学校开展创业教育。

温州商学院和其他高校的创业教育不同之处在于，学校以创业实践为主导，结合校办企业产品，让学生零成本投身创业实践活动，让学生在创业实践中得到锻炼，提升创业能力。

管理学院、金融贸易学院等二级学院结合专业特色开设创业教育微课程，针对学生在创业过程中遇到的各类问题进行分类整理，系统讲解，让学生将实践和理论相结合，迅速成长。

（二）温州商学院创业教育管理

学校将职业生涯发展教育、创新创业教学体系和浙商孵化园创业实践平台融于一体，设立创业学院，全方位培养学生的创新创业能力。通过各学院创业工作室—学校浙商孵化园—社会创业平台三级孵化机制，助推学生创新创业。学校组建创业教育专职师资队伍，带领学生开展创业实践活动，并提供专门场地，成立了温商创业孵化园，从中孵化出一批批小微企业。学校目标是以创业实践为主导，力争三年内有1 000名学生通过创业实践实现学费奖励就学。

第三章 高职创业教育概述

第一节 高职创业教育的必要性

当前，高职院校也需要大力加强创业教育，培养大批具有创业精神和创业能力的高素质技能型人才。

首先，高职创业教育是落实高职院校专业教育相关精神与指示的需要。实施职业教育必须真正贯彻落实国家教育总体方针，对高职院校所有受教育者进行全方位的思想政治教育与职业道德教育。在对学生传授普及性知识的同时，更要注重传授职业知识、职业技能，还要对他们未来的职业发展进行指导，从而全面提升高职院校学生的整体素质与能力，促使他们成为我国"大众创业、万众创新"时代背景下的排头兵。

其次，高职创业教育是适应我国社会主义现代化经济发展的需要。20世纪我国经济水平明显落后于西方发达国家，时至今日，我国经济实力显著增强，越来越多的经济要素在中国社会中得到体现，并且发挥出了巨大作用。进入21世纪的第二个十年，我国仍然处在改革的风口浪尖，经济实力仍然在不断攀升，为了顺应时代潮流，顺应社会主义现代化的趋势，我们必须为不同领域输送更大批量的高素质创业者与高素质就业者，打造更多高级实用型人才。

再次，高职创业教育是我国现代就业体制的需要。我国虽然取得了一系列举世瞩目的成就，但是我国年轻人的就业形势异常严峻，高职学生在就业市场没有优势，一般的企业往往是"唯学历论"，只要本科以上学历的毕业生，这就使高职毕业生难以就业。而加强高职创业教育就能够在一定程度解决高职学生就业难的实际问题。

最后，高职创业教育是高职学生提升自身素养的需要。众所周知，创业教育与传统教育不同，更加注重提升受教育者的整体素养与能力，而高职学生普遍在文化课方面的知识储备相对匮乏，通过进行创业教育，能够让他们接触和学习更多知识，从而进一步提高他们的素养。

第二节　高职院校创业教育概况与实例

20 世纪 80 年代，我国开始出现创业教育的萌芽，一般存在于普通高等院校之中。而随着时代的发展，我国也开始出现高职院校创业教育的萌芽，尤其是近年来很多高职院校创业教育取得了不错的成绩。

一、高职院校创业教育概况

（一）高职院校创业教育现状

自 20 世纪末期开始，我国高等教育进入新纪元，高校扩招，学生数量激增，大学生就业压力增大，于是各高校开始加大创业教育理论研究和实践探索的力度。

《教育部关于做好 2016 届全国普通高等学校毕业生就业创业工作的通知》明确指出，从 2016 年起所有高校都要设置创业教育课程，对全体学生开设创业教育必修课和选修课，纳入学分管理。可见，从国家到高校各个层面，都已经开始重视大学生创业教育，创业教育迎来了新的发展机遇。

在这样的时代机遇之下，我国高职创业教育主要从理论教学与实践教学两个方面进行。理论教学是从思想意识、法律观念和企业管理等方面出发，培养学生的创业理论知识，开设了大学生职业生涯规划与就业指导、企业管理、法律基础、SYIB 课程、创业实务等课程；实践教学主要是从创业规划、创业设计等方面出发，培养学生的创业素养，开展了大学生职业生涯规划大赛、创业孵化基地以及创业大赛等实践教学活动。通过创业教育，高职学生创业素质与创业能力得到大大提高。

但是，由于我国高职院校创业教育起步晚、历时短，所以教育体系并不完善，创业教育质量不佳。

根据相关调查，当前我国高职学生的创业率、创业成功率和科技创业率低的"三低"现象十分严重。究其原因，主要是缺乏资金、创业软性配套设施欠缺、创业内驱力不足、创业能力不足。其中，创业能力不足的根本原因就是缺乏有效的创业教育。因此，必须加强对高职学生的创业教育，激发高职学生的创业内驱力，提高他们的创业能力。

苏州职业大学、浙江商业职业技术学院、广东职业技术学院、义乌工商职业技术学院等院校在创业教育方面起模范带头作用，值得众多高职院校学习。

（二）高职院校创业教育的不足

1.高职院校对创业教育的认识不够充分

我国当下部分高职院校在政府的号召下，虽然开始引入创业教育理论课程与和创业实践的学分制度，在教育对象的定位上也开始普遍面向更多的学生，但仍有许多教育工作者和学生并没有认识到开展创业教育课程的重要性。有些教师认为，学校教育对学生创业的作用微乎其微，占用了课时却又收效不大，因而没有必要开设这门课程。有些教师认为，创业这件事需要考虑到多方面的因素，如果创业者具有一定的创业知识与能力，却没有机遇和良好的心态，也无法取得创业的成功，况且学校是学习知识的地方，在学校培训创业的知识无异于本末倒置。还有些教师认为，创业教育是对少数创新能力比较强、学习成绩非常优秀，并且家庭具有一定的经济条件的学生所开展的教育，大部分学生根本无法从创业教育中获得实际帮助，因而，创业教育课程以选修课的形式开展，让大家对创业有所了解即可。

事实上，创业教育从成立之初，就是以普罗大众为主要对象，面向所有学生而开展的一种教育，这一点我们从西方诸国的创业教育发展历程中便可找到例证。而且，创业教育的目的也不是单一的，除了具有缓解就业压力之外，还能通过该课程培养学生的创新精神、创新意识、协作精神。因而，高职院校将创业教育课程列为必修课意义重大，从课程中得到的知识和能力对受教育者来说，无论是否走上自主创业的道路，都十分重要。

2.高职院校创业教育缺乏系统性

创业教育应该具备一套完整的课程体系，自成系统。然而，目前大多数高职院校创业教育理念缺失，认为创业教育只是作为专业教育与就业教育的补充，不仅缺乏创业教育的相关课程，还很少开展创业活动。即使开展创业教育也只是在大三毕业生中开展，没有把创业教育当成一个课程体系来开发和实施，这不仅不利于学生创业意识的形成，还会阻碍学生对创业技能的掌握。

另外，即使有创业教育也只以短期的创业培训为主，如近两年高职院校利用暑假或周末开展的 SYB 培训，培训的时间短，约 8～10 天，每天安排 8 个课时进行集中培训。虽然通过 SYB 培训，高职学生有了一定的创业意识，但短期的集中培训不仅使学生很难系统地掌握创业理论，无法在有限的时间内消化所学的知识，更难将学到的创业知识应用于创业实践中。

3.没有形成系统的创业教育课程体系

任何教育都是一个长期的、潜移默化的过程，需要一个全面的、系统的课程体系。虽然各高职院校越来越重视创业教育，但大部分高职院校没有专门的创业教育研究部门来设计系统的创业教育课程体系和开展课程教研活动，导致担任创业教育课程的教师只能自己设定教学内容，无法保证课程质量，往往造成授课内容或形式过于简单、模式过于传统，远远没有达到培养学生主动精神和创新能力的目标，反而影响了学生的积极性和主动性。

4.忽略反馈，标准不明

要想不断完善创业教育，就必须对其进行恰当、合理的评价。只有进行恰当、合理的评价，才能准确了解创业教育所达到的效果，才能快速找出创业教育存在的问题，才能提高创业教育的质量。同时，通过评价，对表现优异的教师和学生进行奖励，也有利于提高师生参与创业教育的积极性，从而促进创业教育发展。但是，多数高职院校都忽略了评价反馈这一重要环节。有些高职院校在很大程度上偏向对教师教学水平的评价，而缺少对创业教育效果及创业教育本身的合理评价；有些高职院校评价标准不明，评价内容泛化，无法准确反映创业教育的效果。这些都不利于高职创业教育的发展和完善。

二、高职院校创业教育案例

（一）苏州职业大学

苏州职业大学，坐落于苏州市，是经江苏省人民政府批准、由苏州市人民政府主办的全日制普通高等专科学校。苏州职业大学在目标体系、内容体系、实践体系等层面具有鲜明特色，是诸多高职院校创业教育的楷模。

第一，苏州职业大学各领导清楚地认识到了创业教育的重要性，明确了创业教育不是本科生的专利，更是高职院校应当充分落实的教学实践。校园内各级领导对创业教育高度重视，把创业教育提升到战略高度，用前瞻性的目光和远见的卓识倾力培养出了大量创业型人才。

第二，苏州职业大学采取"三二一"的课程体系。其中，"三"指的是开设三个不同层面的课程体系，主要包括创业基础知识、创业文化知识、营造创业氛围。创业基础知识包括创业相关的各种概念、特征以及创业的研究现状与前沿动态等；创业文化知识包括"苏州区域文化发展""秦淮河夫子庙文化""吴文化""孔子文化"课程群等，以此显著提升校内学生对各种文化的了解程度；营造创业氛围包括校园创业比赛、创业讲座、创业沙龙等活动所营造的创业氛围。"二"指的是引进两种培训模式，分别为 SYB 与大学生创业模拟实训。"一"指的是建立一支富有创业理论知识和实践经验的校内外创业导师队伍。

第三，苏州职业大学注重教学实践体系的构建。学校致力学生就业与创业，为学生提供创业实践场地与实践指导老师，让学生在创业过程中真正贯彻创业知识，让创业知识与创业实践有机结合。

（二）浙江商业职业技术学院

浙江商业职业技术学院是一所由浙江省商业集团有限公司创办，并经浙江省人民政府批准设立的公办普通高等职业技术学院，于 2012 年入选浙江省示范性高等职业院校。

浙江商业职业技术学院采用"全真环境下创业教育"，也叫"学生创业园"，这是说学校为学生提供模拟真实环境的创业经营场所，让学生真实体验创业的步骤，包括到工商局与税务局进行登记、依法纳税、接受相关部门监督与管理等。在"全真环境"下，一方面强调学生的创业实践必须真实可靠，另一方面强调学生的创业实践要符合市场运行规律。

"全真环境下创业教育"具有以下特点。

1. 构建多元网络型创业教育体系

"在全真环境的学生创业园内针对不同专业、不同年级、不同个性特点学生的创业行为，将创业园打造成通识性创业教育平台、个性化创业教育平台、实践性创业教育平台、孵化型创业服务平台，形成分层分类的全方位全员参与的致力培养高技能人才的'多元网络型'创业教育体系。"[①]

---

① 刘媛.高职院校创新创业教育理论与实践研究 [M].北京：经济日报出版社,2018:46.

2. 创业教育与创业实践有机融合

在"全真环境"下，教师一方面对学生讲解实际工作中所需的各种必要技能与要领，另一方面指导学生参与企业创业实践活动。

3. 创业导师与教学团队共同发展

学校大力支持教师在创业教育方面的发展，既支持教师自身参与创业实践，积累创业经验，又支持教师带领学生共同参与创业实践，在创业中促进理论与实践融合，致力于打造一支具有专业理论知识与丰富创业经验的双师型团队。

4. 创业基地与周边产业共生协同发展

学校精准判断周边环境发展方向与发展速度，积极配合周边环境共建，加强与附近企业的交往联系，从而提升学生创业园的生命力。

（三）广东职业技术学院

广东职业技术学院坐落于广东省佛山市，是于 1984 年由广东省人民政府创办的全日制普通高等职业院校，是一所以工为主，涵盖文、理、艺术等较全面专业体系的高等职业院校。

1998 年，广东职业技术学院开始承接"小企业主能力培养"，后来改为"创业教育"。2004 年，该课程与配套教材入选"国家级精品课程"，受到国家大力支持与推广。广东职业技术学院基于人才培养战略，进行创业工程实施研究，努力实现促进创业、带动就业、优质就业。其创业教育主要特点体现在人才培养模式上，主要由四大平台作为依托，分别为课程平台、队伍平台、基地平台、校园文化平台。

课程平台用于开展创业理论教育、创业实践活动、模拟创业实践、培育实践创业。

队伍平台用于培养创业教育队伍，包括创业导师队伍、专业导师队伍、企业导师队伍，以此打造系统性、专业性的高素质、高能力的创业教师队伍。

基地平台用于构建校内创业基地与校外创业基地：校内创业基地主要在校内举办各种创业活动，对学生的创业计划进行"孵化"，并提供一定的资金与场地支持；校外创业基地主要用于对接各大企业与校园的合作业务，从而促进各种校外实践活动的开展。

校园文化平台用于开展创业社团活动、创业论坛活动、创业大赛活动、创业体验街活动等。通过以上活动，能够扩大创业对高校学生的影响力，提升校园的创业氛围。

（四）义乌工商职业技术学院

义乌工商职业技术学院是坐落在义乌的一所浙江省属公办高职院校。学校从 1993 年创立开始，就一直紧紧围绕义乌小商品市场做文章，并打破常规、开拓创新，结合办学实际和市场需求走出了一条以"创"立校的特色办学之路，形成了创业教育、创意教育、国际教育三大特色教育，在培育创新创业人才、服务地方经济等方面成效显著。

学校于 2008 年成立创业学院，建有 12 800 平方米的大学生创业园，开办了创业班、创业精英班、专业创业工作室，拥有青创空间、义台青年交流中心、"中国网店第一村"青岩刘大学生创业基地等 30 余个校内外创业实践基地。每年有近 20% 的在校生投身创新创业实践活动，毕业生创业率稳定在 12% 左右，居全省高校前列。学校创业教育有力地推动了义乌相关产业的规模化、集群化发展。学校还服务国家脱贫攻坚战略，与甘肃陇南、四川汶川、青海海西等地开展创业精准扶贫对接，承办团中央、台盟中央等高端创业培训，累计受益 5 万余人次。学校获评全国高校团学创业促进工作百强校、全省普通高校示范性创业学院、全省创业导师培育工程优秀组织单位、全省大众创业万众创新示范基地。

学校内的义乌市创意园是全国首个以"小商品创新设计"为主要研发方向的创意文化园区。园区拥有国家旅游商品研发中心、国家林产品创意研发中心 2 个国家级研发平台，1 个国家级大师工作室，入驻文创设计机构、产品研发科技型企业 60 余家，师生共创工作室 10 余家，是中国美术学院、华东理工大学、韩国桂园艺术大学等 150 余所知名高校的设计学子实践基地，每年安排接待实习实训师生 2 000 余人次。园区年均累计服务生产企业 3 000 家以上，创意产值累计近 4 亿元。学校与中国小商品城集团股份有限公司共建混合所有制商城设计学院，有效整合小商品设计资源，培养具有设计应用能力和产品研发能力的高水平技能型人才。

义乌职业技术学院以创业实践为导向，让学生在创中学，以创业成功地带动就业，让学生成长成才。

第四章　高校创业教育发展现状及必要性

第一节　高校创业教育发展现状

我国高校创业教育虽然起步较晚，但是经过发展，已取得一定成效，接下来对我国高校创业教育的现状进行介绍与说明。

一、高校创业教育取得的成就

（一）高校创业教育政策与制度逐步完善

20世纪90年代末期，我国高校创业教育刚刚萌芽，当时的社会经济条件、社会创业氛围都不足以使创业教育在众多学科教育中占据一席之地，很多高校也没有很重视。政府同样没有将教育发展的重心放在创业教育上，只单纯注重传统教育。

但是，随着21世纪世界格局的剧烈变动，国内应届毕业生的就业压力陡增，如何创办更多企业，如何为大学生提供更多的优质就业岗位成为政府和社会主要关注的问题。逐渐地，政府开始重视高校创业教育，开始提出发展创业教育的相关方针政策，并为此制定了一些切实可行的制度。例如，党的十七大报告提出："实施扩大就业的发展战略，促进以创业带动就业。"党的十八大报告提出："鼓励多渠道多形式就业，促进创业带动就业。"党的十九大报告提出："提供全方位公共就业服务，促进高校毕业生等青年群体、农民工多渠道就业创业。"可以看出，党和政府已经把创业教育摆在国家教育发展重要的战略位置。

（二）学术界关于创业教育的科研与文章增多

在双创精神愈发浓厚的社会背景下，学者对创业教育开始进行广泛研究，如"关于创业教育的科研项目、研究论文、对策报告逐年增多，在质和量上都有了显著的提高。党和国家已然将大学生创业教育作为中国特色社会主义现代化建设人才培养的重要任务，不断开展深化创业教育领域的综合改革"①。对于创业教育论述比较全面或者比较有新意的文章有王星阳的《中美创业教育国家内容标准比较研究》、沈陈锋的《新常态下大学生创业教育研究》、蒋超群的《素质教育视域下大学生创业教育研究》、张丽慧的《英国高校创业教育模式研究》、赵鑫的《新时期大学生创业教育研究》等。此外，还有很多与创业教育相关的专著。例如，陈永秀的《大学生创业指导》、关小燕与陈文华的《高校创业教育研究》、陈高生与孙国辉的《新世纪的国家竞争锐器：高校创业教育》、宋天华的《地方高校大学生创业教育研究》、叶文振的《大学生创业导论》。

（三）高校与社会的创业实践组织与机构增多

高校创业教育要与创业紧密相连，而创业是一项社会实践，不能脱离社会，更不能脱离实践，所以关于创业的教育也应当紧抓实践这一重要环节。事实上，将创业教育与实践紧密结合的方式在西方国家早已落实，我国创业教育起步较晚，最初只是把创业教育当作一门比较普通的文化课程看待，后经过不断发展，才形成了我国的创业实践体系。

在国家层面，我国经常举办各种创业竞赛，这些竞赛的规模有大有小，但是都旨在提升大学生的创业与创新能力，旨在丰富他们的实践经验，提升他们的创业实践能力。例如，中国"互联网+"大学生创新创业大赛就有来自全国各地的参赛大学生参与其中。据统计，2015—2020年该大赛吸引了全国共计近1 000万名大学生、200多万学术团队参与，他们在一起互动交流，谈论创业相关的看法，吸取他人的见解与经验。

在高校层面，很多大学也在政府的倡导下，结合校园实际情况，大力开展全方位、宽领域、多角度的大学生创业实践活动。例如，为学生免费提供创业相关的理论知识指导与咨询服务，为学生提供免费的创业孵化基地，为优秀学生提供部分创业启动资金，等等。

综上，我国高校创业教育已然取得一些成就，国家、社会、高校开始把如何更好地开办创业教育视为教学改革中比较重要的一个环节。

---

① 王东明. 当代大学生创业教育研究[D]. 哈尔滨：哈尔滨师范大学，2020:43.

（四）高校专职创业教育课程教师增多

以往我国的创业教育课程教师大都由其他专业的教师兼任，如思想政治基础与道德修养教师，他们虽然具有比较好的政治素养与比较充实的文化内涵，但是对创业这一领域毕竟算是"外行"，所讲授的创业知识肤浅，并不涉及最本质、最关键的内容，无法为大学生提供有效的创业支持与实践指导。

随着我国创业教育的不断发展，我国开始培养一批专门进行创业教育课程的授课教师，他们具有较高的创业素养，能够为学生提供创业方面的指导。例如，我国提出高校创业教育教师"321"成长模型，"321"成长模型包括六个要素，这种模型要求创业教育教师将自身专业能力成长分为三个阶段，解答创业教师在自身发展过程中"先做什么，再做什么，逐渐具备什么"的问题，帮助创业教师清晰思路，从而促进教师专业能力的提高。

二、高校创业教育存在的不足

我国开展创业教育研究较晚，目前尚处在起步阶段。虽然已经在高校创业教育方面取得一定的成绩，但这只是与过去的中国相比。另外，在一定程度上，我国高校的创业教育与创业活动基本效仿和照搬发达国家高校的创业教育与创业活动模式，但国情毕竟不一样，在社会制度、教育现状、经济发展程度等方面存在一定的差异，因而在创业教育实践中必然会遇到各种具体问题。与西方发达国家的创业教育相比，我国的创业教育仍存在一些明显的不足，下面对我国高校创业教育目前存在的一些问题进行论述，并分析其成因，以使我国未来的高校创业教育能够更快速、更全面地发展。

（一）创业教育政策存在不足

创业教育与传统教育并不相同，传统教育依靠教育者与教育部门的共同努力，主要考察教育者的专业能力，而创业教育是一项实践性极强的新兴课程，需要结合多方力量共同努力才能取得最佳效果。所以，政府的宏观调控是必不可少的。虽然党和国家已经意识到创业教育对大学生自身能力提升乃至整个社会发展的作用，但是相关政策仍不完善，还需要进行相应的改革。例如，《中华人民共和国教育法》与《中华人民共和国高等教育法》在国家教育发展全局的战略高度对教育事业发展做出重要指示，同时《中华人民共和国高等教育法》提出了"科教兴国战略"，但是仅提到培养具有创新精神和实践能力的高级专门人才，并未明确指出如何支持和落实创业教育的改革与实践。

另外，在大学生创业所需要的政策扶持方面，政府还主要集中于简化审批手续、免费提供咨询、减免征税等，这些措施要么实施起来具有较大难度，要么缺乏实际的作用，对于大学生没有切实帮助。而学生最为关心、最迫切需要解决的融资贷款问题难以解决，即使部分能够解决，也往往门槛高、难度大。

（二）创业的社会氛围不够浓厚

大部分学生受到家庭、社会的影响，总希望考取"铁饭碗"，而不愿意走一条前途未卜不够稳定的创业之路。另外，我国某些高校的领导把主干学科放在重要位置，认为创业教育并没有实际效用，完全忽视和抹杀了创业教育对创业、创新、素质的重要性，缺乏对创业教育的基本认识，这就致使创业教育发展缓慢，创业的社会氛围不够浓厚，无法取得实质性的进展。陈伟民在《基于协同创新的高校创业教育机制构建》中提出："部分高校创业教育的目标带有很强的功利化倾向，存在急功近利的心理，如刚进行完创业教育就马上让学生开始创业，希望能够产生立竿见影的效果。"[1]

在这样的社会环境中，学生自身缺乏创业目标、创业理想、创业需求，社会上也普遍缺乏创业氛围，创业教育自然难以发展。部分高校虽然响应了政府的号召，相继开展了创业教育，但是落实的力度明显不够，成效也不够明显。

（三）创业教育在不同高校发展失衡

我国创业教育经过几十年的发展，虽然取得了一定的成效，如清华大学、上海交通大学、中山大学、福州大学、黑龙江大学等高校的创业教育已走在全国高校前列，但是也暴露出不同高校之间创业教育存在的差距与失衡，如其他大部分高校创业教育的发展十分落后，很多都处于停滞阶段。

《全国大学生创业调研报告》中有这样的一组数据："我国在校大学生创业兴趣高，比例达到 76.7%，但高校毕业生创业率还相对较低，除江浙高校毕业生创业率达到 4% 外，其他省份基本保持在 1% 左右。"[2] 可以看出，我国

---

① 　陈伟民 . 基于协同创新的高校创业教育机制构建 [J]. 创新与创业教育 ,2015(04):34.
② 　田常华 . 大学生创业的现状、困境及对策 [J]. 职业指导 ,2014(32):107.

江浙一带高校创业教育取得的成效明显高于其他地区。这只是创业教育失衡的一个方面，在其他方面也存在失衡的不同体现。例如，社会创业与创新的氛围和环境并未真正形成，各级有关部门没有发挥真正的职能，部分高校创业教育定位不明确，大学生创业观存在差异，等等。

造成以上不足的主要原因有以下几点：第一，我国区域经济发展不均衡。我国东部沿海城市的经济状况明显优于我国中西部地区与偏远地区，产业聚集地区（如环渤海地区、长三角地区、珠三角地区、长株潭地区、成渝地区等）明显优于非产业聚集地区。第二，我国高校总体水平差异较大。有些高校总体水平较高，进入世界一流大学行列，而有些高校总体水平较低，甚至有些硬件设施都不健全。第三，我国高校的种类与教育侧重点有所不同。我国部分院校具有较强的创业教育能力，这与它们本身就注重实践与科研的特性有关，而有些院校缺乏创业教育能力，这与他们本身属于学术性院校有关，不同高校的这种特性也使创业教育存在差别。

（四）创业教育体系仍然不够完备

我国创业教育体系不够完备，这样一方面会影响师资队伍的建立，另一方面会影响创业教育改革的进程。于跃进曾指出："绩效考评机制欠缺，师资流动性大。高校目前尚未建立一套针对创业教育专兼职教师的绩效考评体系，未能有效地将创业教育成效与教师的薪酬待遇挂钩。创业教师在工作中缺乏积极性，流动性大。"[1] 这明确反映出我国创业教育体系存在的问题。

反观发达国家，它们往往都具备创业教育方面比较完美的体系与机制，大多有贯穿小学、中学、大学的整套创业教育体系，也具有完善的考核评估制度等。

尤其是我国的创业保障体系并不完善，众多具有创业意向的大学生表示最需要的创业启动资金保障、创业场地支持保障等核心问题没有得到妥善解决。可见，很多高校并没有给到大学生真正的支持与保障，仍停留在讲座指导和创业政策解读的层面上。

（五）创业教育课程种类比较单一

我国创业教育课程一般只有单纯的理论知识讲授课，课时数量也不多，普通高校一般为大学生设置每周 1～2 个课时的创业教育课程。可见，我国

---

① 于跃进.我国高校创业教育的回溯、反思与展望 [J].应用研究,2015(20):79.

的创业教育仍然处于较低层面，换句话说，我国的创业教育课程与培训活动还在逐渐摸索之中，仅有部分重点试点院校以及实践性重点高校具有多种创业课程。所以，绝大部分学生不能在课时量极少、课程种类单一的创业教育中学到知识。

日本、加拿大等国在创业教育课程的丰富程度上做得比较好。就日本而言，其创业教育课程分为四类，每一类都具有不同的侧重点与功能，能够全方位提升学生的创业能力，丰富学生的创业知识。所以，我国应当在多借鉴他国经验的基础之上，丰富创业教育课程，将课程细化，针对不同专业、不同领域、不同教育阶段的学生制定多种创业教育课程。

（六）创业教育中不重视创业精神的培养

创业精神指创业者的主观世界中具有开创性的思想、观念、个性、意志、作风和品质等。我国社会中存在较多守旧的行为与寻求安稳的心态，缺乏富有拼搏、进取、合作、冒险的创业精神。很多人往往能够品学兼优，工作后兢兢业业、勤勤恳恳，在单位堪称表率，但是在生活与工作中循规蹈矩、单线思维，缺乏创新与举一反三的能力。我国创业教育也仅把创业能力、创业知识作为授课重点，忽视了对大学生创业精神的培育，有关部门也没有真正认识到意识与精神对主体发展的重要影响，这是我国创业教育一直没能赶超西方发达国家的重要原因之一。

第二节　高校创业教育的必要性

一、高校创业教育有利于提高社会稳定性

高校创业教育是提高社会稳定性的需求，这是由我国的国情与社会发展阶段所共同决定的。当前中国虽然进入高速发展阶段，但是我们不得不正视发展过程中出现的问题，如就业问题、创业问题、下岗问题等。加大高校创业教育的力度，促进大学生创业是解决上述问题的重要途径之一。

进入 21 世纪，由于我国发展速度不断加快，高校毕业生逐年增加，而社会中企业数量的增长速度无法与大学毕业生数量的增加速率持平，导致社会中出现了大学生就业难、创业难的现象。

据有关部门统计，我国高校毕业生人数呈每年大量增加的趋势，表 4-1 为 2001—2020 年我国全国普通高等学校毕业生人数表。

表 4-1　2000—2020 年我国普通高校毕业生人数

年份 / 年	全国普通高校毕业生人数 / 万
2001	103.63
2002	133.73
2003	187.75
2004	239.1
2005	306.8
2006	377.47
2007	447.79
2008	512
2009	531.1
2010	575.4
2011	608.2
2012	624.7
2013	699
2014	727
2015	749
2016	765
2017	795
2018	820
2019	860
2020	874

从表 4-1 可以看出，我国毕业大学生人数呈现较快增长趋势，尤其是 2001—2010 年，大学生单年毕业人数较之前翻了 5 倍。

另外，我国研究生毕业生数量也呈现较快增长趋势，如表4-2所示。

表4-2 2000—2019年我国研究生报考人数及招录比例

年份/年	报考人数/万	录取人数/万	招录比
2000	39.2	10.3	4.6∶1
2001	46	13.3	4.2∶1
2002	62.4	16.4	3.2∶1
2003	79.7	22	2.9∶1
2004	94.5	27.3	2.9∶1
2005	117.2	31	3.6∶1
2006	127.1	34.2	3.2∶1
2007	128.2	36.1	3.5∶1
2008	120	38.6	3.0∶1
2009	124.6	44.9	2.9∶1
2010	140.6	47	2.8∶1
2011	151.1	49	3.0∶1
2012	165.6	52	3.2∶1
2013	176	54	3.3∶1
2014	172	54.8	3.0∶1
2015	164.9	57	2.9∶1
2016	177	60	2.9∶1
2017	201	64	3.1∶1
2018	238	68	3.5∶1
2019	285	72	4.0∶1

由表 4-2 可知，我国研究生报考人数也一直呈现增加的趋势，自 2015 年之后呈现爆发式增长趋势。这使社会涌现大量高素质、高学历人才。而我国社会创业氛围不够浓厚，企业数量与质量发展并不均衡，虽然在珠江三角洲与长江三角洲地区，高新企业的数量与质量都具有显著优势，能够为大量高素质大学生提供充足的就业岗位，但是一些偏远地区无法为毕业大学生提供充足的工作岗位。总的来讲，社会中企业数量与就业岗位比较匮乏，这需要国家与有关部门继续推进创业教育，这不仅有助于高素质人才的培养，缓解就业压力，还有助于深化高等教育改革，使高新技术成果产业化。作为社会未来发展的主力，大学生群体应认识到创业的重要意义，并把创业视为与就业同等重要的活动。

二、高校创业教育符合教育新形势的需求

高校创业教育符合教育新形势的需求。因为我国自 20 世纪后期以来，就开始实行科教兴国战略，这要求各高校能够培养大量高素质人才，而创业教育恰恰能够在培养具有学术素养人才的同时，提升他们的创业能力、创造能力、创新能力以及其他各种素养。可见，高校创业教育是对科教兴国战略的践行。

20 世纪 70 年代末期，我国经济水平虽然一直有明显增长，但是增长点依靠的并不是高新产业研发与产业结构变革，而是主要依靠资源、资金和廉价劳动力推动的外延式、粗放式的经济发展模式，这种发展方式并不能从根本上改变我国的社会情况，更不能解决社会中所存在的各种问题。1995 年 5 月，江泽民在全国科学技术大会上提出在全国实施科教兴国战略，确立科技和教育是兴国的手段和基础的方针。这个方针大大提高了各级干部对科技和教育重要性的认识，增强了对科学技术是第一生产力的理解。科技兴国战略要求深化科技和教育体制改革，促进科技、教育同经济的结合；要求增强自我创新能力；要求必须尊重知识、尊重人才、尊重教育。

进入社会主义现代化建设的新时代，党中央新一届领导人在社会大变革的风口浪尖把握时代主题，提出了科教兴国、人才强国、建设创新型国家的战略思想，把实施人才强国战略作为 21 世纪新阶段我国人才工作的根本任务。该项任务主要致力解决社会中存在的以下问题：第一，逐步由物质资源优先开发转变为人才资源优先开发；第二，促进农村劳动力向非农产业和城镇转移，促进体力劳动者向脑力劳动者转换；第三，着重培养造就大批高层次人才；第四，促进人才资源的合理配置和价值实现。而大力开展和构建高

校创业教育正是对科教兴国战略的践行，一方面能够将人口资源变为人才资源，培养具有开拓意识和创新能力的人才；另一方面有利于建设创新型国家。

三、高校创业教育有助于践行人的全面发展理论

人的全面发展理论要求促进个体全方位共同发展，而我国传统教育、专业教育都是以培养学生理论知识为主，并不重视学生实践能力、创新能力、创造能力的培养。开展高校创业教育，能够有效培养大学生的冒险精神、创业能力、独立工作能力以及技术、社交和管理技能，促进大学生理论水平与实践能力全面发展，是对人的全面发展理论的真正践行。

人的全面发展指人智力、体力的充分、协调、统一发展。距今 2000 多年的古希腊时期，著名哲学家亚里士多德曾提出"和谐教育"，他认为在教育过程中，每个人的"德""智""体"都应当受到重视。

随着时代发展，近代之后的洛克（John Locke）、卢梭（Jean-Jacques Rousseau）、裴斯泰洛齐（Johan Heinrich Pestalozzi）、斯宾塞（Herbert Spencer）、蔡元培等著名思想家、教育家对此也多有发挥与阐述。其中，蔡元培曾说教育就是要培育"完全人格"，而"完全人格"包含一定的创新能力与创造性。陶行知也具有相似的思想主张，他认为无论教育层次的高度、教育程度的深浅，无论处在教育的任何阶段，都应当注重创新能力的培养和提升，这是人的全面发展的重要层面。

毛泽东在 1957 年提出"我们的教育方针，应该是使受教育者在德育、智育、体育几方面都得到发展，成为有社会主义觉悟的有文化的劳动者"。1999 年，我国再次强调学生的全面发展，并指出德、智、体、美应当并重，四重教育要同时进行，不可只重智育而忽视体育。后来，我国在之前四重教育的基础上，为全面发展加入了更多内涵，对人才培养目标提出更多要求，创造与创新当然也蕴于其中，成为人的全面发展的重要方面。

可是这一响亮的口号并未完全落实，我国的创业教育并未取得长足发展，很多高校并不注重创业教育，甚至很多高校的教学计划中根本没有创业教育课程设置，这与全面发展的指导思想不符。当前，我们应高度重视创业课程，大力宣传人的全面发展理论，并进行一系列相关改革。而发展高校创业教育恰恰是对人的全面发展理论的践行，更是人的全面发展理论得以发展与深化的需求。

四、高校创业教育是高校融入国际教育的必由之路

随着科学技术的不断进步，当代世界格局不断变化，不同国家的交流界限逐渐被打破，这代表着世界各国在政治层面、经济层面、文化层面开始相互影响，并产生一定的交融。其中，文化与教育层面交流成为国家之间最普遍的现象，可以说高校把创业教育融入国际教育已经开始成为新时代的主题。我国也应当在这种国际大趋势下大力开展国际教育，把我国教育体制和模式真正与世界发展趋向结合起来，以促进我国的创业教育发展。因为创业教育不同于传统教育，创业教育具有极强的实践性与交流性，学生除了需要进行广泛的社会实践、企业实践外，还需要与其他开办创业教育的大学和教育机构进行交流，这样才能获取更多利于创业的知识。但是，我国在这一方面仍有所不足，值得我们深思。

事实上，我国在 1 400 年前就已经有出国留学的典型案例。例如，公元7 世纪初，大唐高僧玄奘曾怀揣坚定的信念，一路跋山涉水，经过河西走廊，翻越帕米尔高原，穿越中亚大草原，最终抵达印度那烂陀寺。一方面，玄奘为西域诸国与当时的印度带去灿烂的中国文明；另一方面，玄奘学习以印度佛教为主的各种文化，这便是将教育与世界进行融合的表现。那么，为什么我国当代逐渐失去了这种国际教育的习惯呢？这肇始于我国在近代的闭关锁国政策，在这种政策的影响下，我国关于国际交流的意识逐渐淡薄，再加上西方列强对我国的侵略，使我国开始丧失文化自信，没有与他国平等交流学术的勇气。

直到 20 世纪后期，这一情况在我国综合国力不断增强的情况下才得以扭转。我国的各项发展水平都不断攀升，相关部门又开始意识到跨地域跨文化交流的时代意义。新时代，我国必须充分意识到创业教育的时代作用，把它作为我国高校把创业教育融入国际教育的重要途径，借助创业教育的发展与交流，促进我国与世界各国教育层面的广泛交流，使我国高校真正融入国际教育的大舞台，并不断闪耀新的光彩。

第五章　国外高校创业教育概况及启示

第一节　欧美国家高校创业教育概况

一、美国创业教育概况

（一）美国创业教育的发展历程

美国是世界上高校创业教育发展较早的国家，这与美国在 20 世纪早期进行的其他研究息息相关。1913 年，约瑟夫·熊彼特（Joseph Alois Schumpeter）曾任教于美国哥伦比亚大学与哈佛大学，在执教生涯中，他一方面研究新的教学方法，一方面对已有的教学方法进行反思并创新。1934 年，熊彼特的《经济发展理论》中将创新与创业者相结合，提出创业必须要具有创新精神，创新是社会经济发展的"重要推动者"，这种理念为创业课程的产生打下了基础。于是，美国哈佛大学的一名教授在以上著作的理论基础之上，在美国社会经济发展的需求之下，于 1947 年开创性地提出"新创企业管理"课程，这项课程自推出之日，就引起西方学者的高度重视，因为其特性与传统课程有所不同，更加注重学生对现实社会的了解以及实践能力的考察。此时恰逢第二次世界大战结束，在"百废待兴"的社会背景之下，美国社会十分推崇这样一门课程，希望能够使美国社会由此获得经济的较大发展与生产方式上的较大转变。

1951 年，第一个以资助创业活动与创业教育的基金会——科尔曼基金会成立。1953 年，彼得·德鲁克（Peter F. Drucher）在纽约大学开始担任企业家精神与创新课程的授课教师。1958 年，MIT 设置创业课程。1963 年，第一个捐赠席位在佐治亚州立大学设立。1968 年，百森商学院开始开设关于创业的本科教学课程。

20 世纪 70 年代，美国开设创业教育课程的学院已经多达 16 所。至

1975 年，学院数目又飙升至 104 所。同时，《美国小企业杂志》创刊。之后几年内，美国又开始成立试点小企业发展中心，举办 SIFE 学生商业竞赛，各项活动蓬勃展开。美国的创业教育发展如此迅速有以下几点原因：第一，政府与有关部门开始重视小型企业对于经济发展的重要意义，开始转变以往的传统观念，为它们提供一定的扶持与帮助。第二，风投公司开始支持年轻人进行创业，这一举措吸引了大量年轻人投入创业大潮，于是创业教育的课程开始倍受推崇。第三，有些学院不仅进行创业教育相关知识的传授，还注重学生对创业教育知识的研究与探索。例如，1971 年美国南加州大学吸收哈佛大学与百森商学院创业教育的本科课程以及相关内容，并加入关于创业的学术研究环节，成立研究生创业教育硕士点，这不只是单纯地传授创业的旧有知识，还标志着美国政府与高校对创业教育的重视程度迈上了一个新的台阶。

20 世纪 80 年代，美国创业教育又在之前的基础上继续发展并取得更多成果。这是因为这段时期美国社会的创业环境逐渐完善，政府看到了小型企业是提供就业岗位的重要保障，必须依赖年轻创业者所创办的众多小型企业，才能解决部分城市的就业问题，从而更充分、更合理地利用社会劳动力，使社会稳定发展。1981—1984 年，美国先后创立《创业研究先锋》杂志、学院创业者协会等，并于 1986 年在迈阿密大学举办了首届全国创业计划大赛。其中，创业计划大赛影响最为深远，包括我国也在吸收创业计划大赛相关内容与条例的基础之上创办了一些创业赛事，这项活动使大学生将在学校学到的创业知识充分运用到了实践中，为创业提供了更多可行性，为学生提供了更多创业经验与创业思路。

20 世纪 90 年代，美国社会中的企业数量有了显著提升，仅美国黑人拥有的公司数量就已经从 424 165 个跃增至 620 912 个。这些成就并不是凭空产生的，而是完全依赖美国政府、非政府组织企业、企业家的共同努力。例如，美国的中小企业管理局就曾经为准备创业的大学生与应届毕业生提供免费的技术支持，美国很多大学内部的企业发展中心也随时为大学生提供免费、全面的咨询服务。

另外，美国政府开始对创业教育制定比较完善的制度。当时，美国社会环境发生变化，企业的发展环境与以往有所不同，企业的生命周期开始变短，竞争开始加剧，这就需要继续大力发展创业教育，并明确制定相应制度与条例，以促进创业教育发展。首先，这一时期美国出现了创业教育项目与全国性学术机构，把目光放在了学科融合方面，并且经常举办创业与其他行业联系与交流的活动；其次，这一时期美国开始培养创业学方面的工商管理博士，并在教学内容、教学模式、教学目标上有所改变、有所突破。

进入 21 世纪，随着社会的发展，美国越来越多的商学院（如印第安纳大学、科罗拉多大学、雪城大学、西部保留地大学等）设置了创业学博士点，以满足越来越多年轻人的创业需求与高层次的研究型师资的日益增长的需求。

（二）美国创业教育特征

1. 创业教育具有系统完备的体系

美国的创业教育具有比较完备的体系。第一，美国创业教育在纵向上包含学生受教育的任何阶段，有小学、初中、高中、大学。"美国创业教育课程涵盖从小学、初中、高中、大学专科、大学本科直至研究生的全部正规教育，基础教育进行创业教育主要是与职业教育紧密结合。"① 第二，美国创业教育在横向上分布比较广泛，"创业课程已成为大学以上学历教育的必修、辅修或培训重点科目"②。第三，美国很多高校开设了创业机会识别、创业法律概论、创业营销、微小企业管理等创业课程，同时把创业课程融入其他学院或课程的日常教学之中，这极大地丰富和完善了创业教育的内涵，并使其获得了更好的发展。

2. 重视转变学生就业观

美国很多高校认为，创业教育的最大意义在于促进学生创业，使社会经济得到更好的发展。但是，如果不转变学生的创业观与就业观，仅对他们进行一些空泛的理论知识灌输，并不能取得良好的效果。所以，美国强调扭转学生传统的就业观。"创业教育注重学生就业观念的改变。美国教育部于 20世纪 80 年代发起创业教育，这不仅立刻被职业界所接受，还改变了学生的就业观。由于美国就业市场的动摇不定，传统职业就业机会减少，被雇用、解雇、失业现象在美国司空见惯。美国创业教育使学生将被动的就业观念转变为主动的创业观念，创业教育鼓励学生将创业作为自己职业的选择。"③

---

① 韩云霞.美国创业教育的发展与启示 [J].职业时空,2015(16):78-79.
② 同上。
③ 韩云霞.美国创业教育的发展与启示 [J].职业时空,2015(16):78-79.

3. 强调进行创业实践与体验

受到美国一贯的开放、冒险、探索精神的影响，美国创业教育也注重探索、体验、实践，强调将创业教育落实到实践中，将理论与实际相结合，让学生对创业各个环节的具体内容产生真切的体验与感受。"美国创业教育注重创业内容的切身体验。对创业内容的切身体验，使学生获取创业感性认识，是创业教育成功开展的前提条件。有研究表明，美国三分之二的企业家来自拥有企业的家庭。他们通过参与家庭企业的生产经营与管理实践，获取实践经验和创业的感性认识。因此，在美国的创业教育中，重视指导学生有效地进行创业教育内容的体验，同时要求教师率先垂范，美国教师的这种体验主要是通过模拟创业活动进行的。"[1]

4. 师资队伍受到专业培训

美国十分重视师资队伍的建设与培训，在美国看来，教师的专业性直接决定教学成果优秀与否。第一，高校要求创业课程教师在具备充足的创业理论知识的基础上，进行创业的深度体验，如进入各种企业，与创业者进行交流和学习；第二，高校会对创业教育的教师进行集体培训，提升他们的专业素养，让他们更加了解创业相关的学术前沿与市场动态；第三，经常为创业课程教师召开讨论交流会，让他们在会上交流心得；第四，很多高校会建立创业研究所，让相关领域的专家、学者与教师加入其中，对创业教育进行探索与研究。例如，伊利诺伊大学1982年就成立了创业研究所；百森商学院有35名专职从事创业教育和研究的教师，共计开设33门课程。

5. 课程评价体系比较完备

评价与反馈永远是评定工作或教育成绩优劣的重要环节。20世纪90年代，美国的《商业周刊》就已经开始对创业教育进行评价。"这个评价体系包括七个部分：教员发表的论文和著作、提供的课程、毕业校友的成就、对社会的影响力、毕业校友创建企业情况、创业教育项目自身的创新、外部学术联系。"[2]进入21世纪，美国仍然保持这一习惯，不仅相关杂志会对创业

---

① 韩云霞.美国创业教育的发展与启示[J].职业时空,2015(16):78-79.

② 刘萍,周娟.美国大学生创业教育特点及其对我国的启示[J].成人教育,2011(12):128.

教育进行评价，在学校内部学生组成的学术组织中也会对此进行评估。在这种注重评价的风气之下，美国创业课程的教学质量不断提升。

6. 相关团体组织数量较多

由于美国政府极力倡导创业以及创业教育，社会中便形成了数量较多、规模较大的关于创业的团体与组织，它们在很大程度对社会的创业风气产生了良性影响。一方面，能够促使人们转变观念，逐渐重视创业的作用，逐渐认可年轻人创业的社会价值；另一方面，能够为创业教育提供部分资金支持。例如，"美国创业联盟"就是美国比较典型的社会组织，包括众多大学、教育机构、基金、组织、企业等，它们共同为高校创业教育提供支持。"如科尔曼基金会、考夫曼基金会、富兰克林·欧林基金会等组织为高校创业教育提供了大量资金支持。目前，美国创业教育学科的资金已超过44亿美元。"[①]

二、德国创业教育概况

与美国一样，德国同样是现代大学模式的发源地，其高校创业教育也一直走在世界前列。因此，总结、分析德国大学生创业教育积累的宝贵经验对推动我国大学生创业教育发展具有重要的实践指导意义。

（一）德国创业教育的发展历程

德国创业教育源自20世纪50年代，只比美国稍晚几年，但是德国当时的创业教育只能算是处于"萌芽期"。因为德国最早只针对一些经济类相关的学生进行创业教育，认为其只是有助于经济专业的学生丰富自身专业的相关知识体系与专业能力而已，而其他专业的学生学习创业教育并没有什么实际的用处。同时，德国在这一时期开办了"模拟公司"，这是一种针对真实企业的经营状况进行模拟的活动，目的是使学生从中得到关于创业的一些感悟与灵感。

20世纪70年代，德国开始对经济学专业以外的其他部分专业的学生教授创业课程，包括一些非全日制学校中商贸与手工业专业的学生，之后全日制的普通大学也开始开设创业课程。"在探索阶段（20世纪70年代—80年代），德国一些以商贸和手工业培训为主的非全日制学校最先开设创业类教

---

① 程贵林. 美国创业教育对我国高校的启示 [J]. 中国成人教育,2015(8):113.

育课程，随后全日制大学才开始开设较正式的创业类教育课程。"① 例如，德国在科隆大学、斯图加特大学、多特蒙德大学等开设了一些关于创新创业的课程，设立创业教育中心，尤其是斯图加特大学，在创业教育方面可以算作"领军高校"，这时创业教育才算正式起步。另外，德国还结合创业以外的多门课程，对创业学进行发展与完善，在社会科学、自然科学等学科的基础之上，加入创业学相关知识，开创了具有鲜明特色的德国创业教育体系。例如，柏林洪堡大学的高新技术创业理念培训、科特布斯大学的专业创新课程等。

20 世纪 80 年代，德国多特蒙德大学开始在校内创立创业教育研究中心，研究中心致力创业学、社会学、企业管理学等多领域的学术研究，并为具有创业意向的学生提供创业咨询服务。

20 世纪 90 年代，由于社会环境比较动荡，德国社会失业率陡增。为了更好地应对这种社会问题，德国政府开始高度重视创业活动与高校的创业教育，并开始意识到创业教育对提供社会岗位以及促进社会经济回暖与发展的重要意义。例如，德国在 1998 年开始启动"EXIST"计划，该计划的主旨在于促进大学生与社会中青年有生力量尽早树立自己的创业观念，寻找创业机会。

进入 21 世纪，德国创业教育的制度与体系日益完善，并且相关教育部门开始提出创业课程的基本理念、主要构成、实践路径等。2009 年，慕尼黑大学教授通过研究指出："通过创业教育，学生创业意识显著增强，创业能力明显改善，德国每年创办的企业约有 45 万家，其中有 11 万余家能在竞争中存活下来。"② 可以看出，这段时期德国创业教育已经取得比较明显的进步与发展。

2010 年以后，德国开设创业教育课程的大学数量依旧攀升，至 2017 年底，德国已经有超过 100 所大学开设创业教育课程。受此影响，创业教育的政策日益健全、课程日益完善、管理逐渐科学、创业文化与氛围也变得愈发浓厚。

2020 年，德国在创业教育事业中更加注重学院、高校与企业之间的合作，既提倡将企业"引进来"，又提倡学校内的优质人才"走出去"，如邀请企业在校内开办产业园，为大学生提供就业与创业提前实践的场所；支持

① 焦健，沈亚强.美国、德国高校创新创业教育的发展历程、特点及启示 [J].河南科技学院学报,2016(12):50.

② 蒲清平，赖柄根.中德大学生创业教育比较 [J].中国青年研究,2010(10):12.

大学生去企业学习经验，以便提升学生自主创业的能力。同时，政府以补贴方式进行资助，保障和激励大学生创业。总之，德国的创业教育已经十分完善，对于我们的创业教育有深刻的借鉴意义。那么，德国创业教育具有怎样的特点呢？

（二）德国创业教育的特点

1. 针对性较强

德国创业教育具有较强的针对性。在德国，不同层次或不同类型的学校虽然都对学生进行创业教育，但是具有不同的针对性，具体取决于学生的知识水平以及学校的侧重方向。例如，德国的中专学校、职业学校会对学生进行创业技术、创业计划、创业能力等方面的教育，更侧重生存性。一般的综合性大学则会对学生进行比较丰富的创业教育相关理论知识的教育，并且会对创业精英进行高质量培训，对具有前景的创业计划与创业意向进行扶持。这种创业教育教学模式能够以学生自身的能力与水平为前提，在学校不同的侧重点基础上，进行符合实际的创业教育。

2. 重视结合实践

德国注重创业教育与实践相结合。在德国政府看来，创业教育必须与社会相联系，否则与一般的社会学、管理学并无二致，所以实践成为创业教育的重要特征。例如，德国经常开办创业培训与创业会议，除了探讨一些关于市场发展的前沿问题，还对年轻人的创业理念提出实践指导，强调创业者应当把创新理念运用到商业模式中，将创业知识与实践活动相结合。

3. 寓于教学的全阶段

德国的创业教育伴随学生走过学习生涯的全过程。在德国，无论是在校大学生，还是初中生，乃至小学生，都需要进行创业教育。在小学阶段，学校便基于社会科学与自然科学对学生进行思维能力启发，培养学生自主动手创新的能力。到了中学阶段，学校则开设"预备职业教育"，除了给学生分享真实的创业案例外，还积极地为学生提供各种场所、设施与条件，鼓励学生"走出课堂"。在高等教育阶段，学校对大学生的创业意识与创业能力进行集中培养，让学生了解创业过程，促进具有潜质与创业意愿的学生快速成长。① 可见，不同教育阶段创业教育的教学内容、教学模式、教学目标有所区别。对于小学生来讲，创业教育主要为了启发他们的思维，让他们逐渐产生发散性的思维方式；对于中学生来讲，创业教育主要为了让他们了解一些社会上的创业案例，了解一些创业为个人、为社会所带来的益处；对于大学生来讲，创业教育是为了提升他们的各项能力与综合素养，并且为有志进行创业活动的年轻人提供一些必要的创业指导。

4. 具有完备的管理制度

德国创业教育与大学生创业活动的相关管理制度比较完备，一般情况下都是各高校对内部创业教育课程进行自主管理，高校拥有比较大的自主权和决策权，可以自主设定创业教育的课程侧重点、课程课时、课程计划方案等。同时，社会各界力量对高校创业教育进行辅助管理，并配合高校开展一些有利于创业教育的具体活动。在这种管理模式下，高校既能够保持自己的主体地位，又能够受到社会各界的关注与支持，从而促进创业教育稳步发展。

5. 重视跨学科、跨领域合作

德国十分重视跨学科、跨领域的教育教学与学术交流，这一点也体现在创业教育方面。德国教育部门认为，把创业教育与其他学科结合起来，形成更具针对性的教育方式，对学生今后的创业大有裨益。

三、英国创业教育概况

高校创业教育在英国的发展比较成功，并在 21 世纪形成了较为完整的体系。"英国的创业教育发端于工业革命与商业文化的兴起，得力于政策推动与基金扶持，成功于创业课程设置以及差异化的专业化创业人才培养模式的构建，具有鲜明的民族特征与时代特色。"②

（一）英国创业教育的发展历程

英国高校创业教育比美国和德国稍晚，大致萌芽于 20 世纪 70 年代。1973 年，世界开始爆发石油危机，这首先导致岗位稀缺、人群失业，社会急需新型企业为人群提供就业岗位；其次，石油资源的严重稀缺导致通货膨

---

① 刘琼，滕艳秋. 德国大学生创业教育发展经验探索 [J]. 中国成人教育,2018(22):122.
② 沈东华. 英国高校创业教育的发展历程与反思 [J]. 当代青年研究,2014(4):124.

胀现象十分严重，甚至影响了各国教育行业的正常发展。例如，由于通货膨胀，国家教育部门不得不使用财政紧缩的政策，而在这种政策下，学校只能收到少于正常情况的财政拨款。虽然这笔财政拨款能够保证学校内部大部分教育教学与实践活动的正常开展，但是无法为学校研究新学科、发展新项目提供一定的资金支持与保障。然而，这在一定程度上促使各高校开始与社会企业合作，力求获得一定的资金支持，这便成为英国创业教育的重要社会原因。

20世纪70年代后期，英国越来越多的高校开始与企业展开深度合作，如一些高校邀请企业家进入校园，开展创业宣讲活动；一些高校邀请企业在校园内部建立小型的科技产业园，为在校学生提供一定的实践机会与实践场所；还有一些高校为应届毕业生开办预就业的岗前培训，鼓励和促进大学生创业。

20世纪80年代，英国开始迎来创业教育的快速发展期，这期间的创业教育规模明显扩大，师资力量明显增强，社会各界更是对高校的创业教育提起高度重视，形成了一种鼓励和支持创业的氛围。

第一，英国高校掀起研究型大学向创业型大学演变的热潮。例如，英国帝国理工学院、布鲁内尔大学、普利茅斯大学等都在这样一股热潮之中努力提升本校的创业教育实力，校内的学生团体与组织也自发举办各种创业活动，努力营造创业文化气息。

第二，高校努力开展各种具体的创业实践活动，力图把教学与实践相结合。

第三，英国政府开始对高校提供支持，在政策上对创业教育提供一定的帮助。例如，"英国王室于1983年创立的'青年创业计划'是迄今为止最重要、影响最大的创业项目。其下设立的'王子基金'为申请者个体提供5 000英镑的低息贷款开办自己的企业，在特殊情况下还另外给予奖金，基金会成立后已扶持成立了数万个新企业。"①1985年出版的《20世纪90年代英国高等教育的发展》绿皮书要求努力培养大学生的创业精神与创业能力，认为这种能力能够促进经济繁荣。

第四，学校与相关教育部门除了逐渐对创业教育提起关注，还对学生的创业兴趣有了更深刻的认识。他们认为，兴趣是决定学生是否具有强烈的创

---

① 　沈东华.英国高校创业教育的发展历程与反思 [J].当代青年研究,2014(4):126.

业意愿，是否能够创业成功的重要因素。于是，创业教育开始注重培养学生的创业兴趣与创新思维。

20世纪90年代，在科学技术大发展的背景下，社会生产结构有了明显转变，生产力有了显著提升，国家经济实力日益增强。英国政府看到经济增强带来的收益，开始寻找其他提升经济实力的路径，而创业恰恰是一条"明路"。于是，英国政府加大了对中小企业尤其是小型企业的支持力度，相继出台多种优惠政策，为小型企业的创办与发展提供了十分广阔的平台与十分有利的空间。例如，1995年英国政府专门针对中小企业开放的股票融资平台就为中小企业的发展带来了资金的融入，也为英国的创业教育实践打下了良好的基础。

进入21世纪，英国创业教育由快速发展转变为成熟稳定阶段。这时的英国创业教育的规模、制度都比较完善，政府便将着眼点一方面放在创业文化上，强调构建更加浓厚的校园创业氛围与社会创业风气，另一方面放在信息技术上，探寻互联网技术的创业应用。总之，这一时期英国重视与提倡创业文化，并通过联系社会各方资源及时调整创业教育的发展方向，进一步完善互联网的创业教育技术以及互联网创业的发展，使英国创业教育趋于完善。

（二）英国创业教育的特点

1. 与传统教育共同发展

创业教育以其特殊的教学目标、教学内容、教学方式显现出与传统教育相比十分显著的差异。某些国家往往为了顺应时代发展的潮流，抛弃传统教育方式，全力发展创业教育，这就导致创业教育单方面取代传统教育，造成一种教育失衡的窘境。英国则巧妙实现了传统与现代、创新与古典的共同共融，让它们各自发挥优势。

2. 课程种类多样

英国教育界认为，创业教育的课程是最重要的环节，一定要构建更加多样的课程种类，这些课程也要涉及更宽广的知识领域，以适应越来越多的不同专业的学生的发展。突出表现在，"创业教育理论课程涵盖了创立企业所需掌握的各类专业知识，如经济学领域的知识、人际沟通及团队管理方面的知识、自然科学和医疗保健等，内容十分丰富"①。

3. 相关基金项目充足

英国政府与教育部门极力倡导创办创业教育基金，除了上文所述 1983 年"青年创业计划"，还有 20 世纪 90 年代后期的"全国科学技术和艺术捐赠基金"；2001 年的"高等教育创新基金"，该基金主要支持学校内部师生的创业活动，包括创业启动资金支持、硬件设备的资金支持等；2004 年的"创业远见"，"创业远见"致力鼓励年轻人创业信心与创业精神；2010 年的"高等教育创新基金"；等等。

4. 师资具备创业精神

英国认为创业教育的课程是创业教育事业最重要的环节，创业教育的主体——创业教师具有极其重要的地位。创业教师最需要的是创业精神，只有拥有对创业的饱满热忱，才能够更好地从事创业教育事业。例如，英国 2007 年设立"国际创业教育者项目"，该项目力求提升创业教师的创业精神。在英国政府的努力下，英国的创业教师普遍具备一定的创业精神。

5. 实践与创业活动众多

英国创业教育包含课程与实践两部分，在创业实践中包含十分丰富的活动，如传统商学院模式代表伦敦商学院的"影子经理项目"，互动模式代表牛津大学赛德商学院的"硅谷走进牛津大学活动"和"牛津大学商业计划大赛"，等等。通过实践性授课，学生能够进入创业的情境之中。这与当代我们所推崇的情境教学法有异曲同工之处，能够极大增强大学生对创业活动的理解，拓展大学生的视野，激发大学生的创业热情。

四、法国创业教育概况

法国政府与有关部门对于创业教育最初并不是很积极，他们认为创业教育并不能够对学术领域与社会生产领域起到重要意义。

20 世纪 70 年代后，法国开始注重创业教育，并取得比较快速的发展。

---

① 沈东华. 英国高校创业教育的发展历程与反思 [J]. 当代青年研究,2014(4):126.

这是由于法国看到欧美其他国家在创业教育事业上取得的成就，而法国从20世纪70年代开始，经济呈现下降趋势，需要更多的创业者进行创业活动。

（一）法国创业教育的发展历程

1976年，法国巴黎高等商学院开始设立创业教育专业，对大学生进行创业教育。1978年，法国高等商学院也开始设置"企业家"课程。

20世纪90年代后期，法国创业教育开始进入快速发展期，这一时期法国不再将创业停留在课堂讲授层面，也不把创业教育当作精英学校学生的专利。他们开始把创业有关的各种技能融入教程，同时认识到创业教育不应当单纯针对在校的精英型大学生，工程类、人文类等专业的其他学生也要进行创业教育，毕竟他们都属于年龄相仿的年轻人，都应当有创业的热忱，都应当有为社会做出有力贡献的义务。于是，法国对各种院校的学生，乃至艺术生都开展同等的创业教育。在创业教育规模显著扩大的情形下，学校与社会对创业的关注度与积极性被广泛调动起来，一时间，法国社会最热门的两个字即"创业"。另外，法国在20世纪90年代末期开始建立健全创业教育相关的法律法规与各种制度，如1999年法国发布《创新与科研法》，此条文鼓励学术研究人员大力进行科技创新与相关研究，并支持他们把研究结果转化为实际的生产力，应用于创业活动之中，以此推动社会的发展与进步。

进入21世纪，法国创业教育开展得如火如荼。2001年，法国研究与工业部成立了"OPPE"（创业教育时间观察站），该机构对高校创业教育相关教师、学生、课程进行观察、监督，并提供一定的咨询与帮助。法国还在其他国家设立"OPPE"分站，涉及加拿大、比利时等国家。

2002年，罗纳—阿尔卑斯行政大区的大学合作创办了"创业之家"，该机构旨在沟通地方大学，培养学生的创业精神和创业意识，大学教师或学生都可以在"创业之家"学到有关项目运作的各类知识，同时可以与企业界人士交流，获得创业建议。之后一段时间，法国的利穆赞、加来海峡等地区也相继开始筹建"创业之家"。随着越来越多"创业之家"的成立，法国政府开始为其增加福利待遇，如每年提供15 000～20 000欧元的创业资助，这笔资金可以用于年轻人创业的启动资金，或者用于机构自身的一些硬件设施建设等。另外，与"创业之家"合作的企业也可以享受国家在政策上提供的优惠。

2009年，法国开办"大学生创业者"计划，大力支持大学生创业，鼓励他们将学校中所学到的创业知识运用到创业实践中。同年11月，欧洲商学院承办第一届法国"创业日"，这进一步扩大和提升了法国高校创业的热度。

2013 年，法国国家创新计划提出要在高等教育领域培育创业和创新文化，继续加强校企合作。该计划进一步推动了法国创业教育的发展。次年，法国教育部又出台一项新的指导方针，指出创业教育不应当是大学生的"专利"，而应当对学生从小开展创业教育。

2015 年，法国教育部长宣布大力加强学校与社会中企业之间的联系，要让每一位在校学生都有在校期间就参观企业内部的经历，并且能够与一位专业人士交流，有一次实习机会，做一个具体的项目，即"实习中心"计划。

进入 21 世纪 20 年代，法国创业教育保持稳定发展的基本态势，有关部门也对创业教育保持有增不减的重视程度。

（二）法国创业教育的特点

1. 受到政府大力支持

法国高校创业教育自起步之日就受到政府的大力支持。法国社会中绝大多数小型企业都由政府主导，同时对高校的创新创业进行主导与监管。第一，政府出台相关政策，支持企业发展，包括 2007 年的《大学自由与责任法》与 2008 年的《经济现代化法》等；第二，政府创办创业创新实践与交流平台，包括 2001 年的创业教育实践观察站与 2002 年的"创业之家"等。

2. 课程体系比较完善

法国创业教育的课程种类较多，并且分别具有各自的针对性。一方面，包括综合性核心课程、活动课程、实践课程，这些课程能够有效提升学生的实践能力；另一方面，包括各种体验型的创业课程与咨询服务，这些课程能够有效加深学生对创业的真切感悟。另外，法国高校还开设依次递进、有机衔接、科学合理的创业教育专门课程；在创业教育的方法上也进行一定的开拓创新，吸纳其他国家的长处，使自身的教学模式打破固有局限，获得更多提升。

3. 受到大学校的引领

法国与其他国家不同，不只有大学，还有"大学校"，"大学校"也被称作高等教育学院或专业学院，其职业化更强，更加注重实践。法国众多高校的创业教育都受到大学校的引领。

4.具有一体化整合模式

法国高校创业教育之前经过了初始化教育模式以及制度化教育模式，而制度化是对初始化的完善与发展。目前，法国比较重视一体化的模式，这种创业教育模式是把之前各自独立的创业教育机构、个体都联系起来，让它们共同形成一个整体，以此对各高校、各领域、各组织的资源、信息进行统一整合，从而形成更具系统性与综合性的教育组织。很多法国高校内部采用跨学科方式对学者、教师及其他工作人员进行整合，这便是一体化模式的具体体现。

5.激励机制较为完善

法国为创业者制定多种激励政策。例如，2010 年，法国推出了一系列在高等教育机构内推动创业活动的措施，主要任务是确保现行针对学生创业的不同措施之间的衔接、协调与整合，并提出相应的优化建议；2014 年，法国为创业中的 28 岁以下的大学生或大学毕业生建立了"大学生—创业者"身份，支持他们在创办公司期间享受学生能享有的相关社会福利。此外，还有汤普林大学生创业奖、创业协调辅导制度、税收优惠政策等。

五、加拿大创业教育概况

19 世纪后期加拿大就已经开始出现创业教育形式的研讨会，但高校创业教育是 20 世纪 70 年代才正式开启的。

（一）加拿大创业教育的发展历程

20 世纪 70 年代，加拿大的部分高校开始出现创业教育课程，但是为数不多，仅存在于加拿大安大略省的部分高校，在创业界与学术界产生的影响较小。1979 年，加拿大仅有 72 门与创业教育相关的课程，如此规模即使加拿大地广人稀，所产生的影响也微乎其微。

20 世纪 80 年代，加拿大约克大学和卡尔加里大学提供了不少于两种的创业专业课程供学生选择。

20 世纪 90 年代，加拿大迎来创业教育的快速发展期，这一时期创业教育受到政府、教育部门、学校的大力提倡，学生也因此产生了十分强烈的创业热情。

第一，加拿大开始出现支持创业教育的基金与组织，旨在推动加拿大创业教育事业的发展。

第二，加拿大开始出现较多关于创业与创业教育的文章，其中不乏一些优质的学术论文，这些学术论文对当时的学术界、教育界产生了一定影响，多名学者联名响应创业教育的号召，要求高校加大对创业教育支持力度。

第三，加拿大开始提升创业教育课程的数量，扩大创业教育的规模。之前的创业教育仅存在于安大略省的部分高校，而 20 世纪末，加拿大的大部分高校已经开设创业教育课程，并为之推出创业学位、证书学位。

进入 21 世纪，加拿大还在创业教育本科课程与本科学士学位的基础上增设创业研究生学位。21 世纪 20 年代，加拿大创业教育经过多年的发展，已经形成了较为先进的创业教育理念和完善的课程体系，建立了众多条件完备的创业实践基地，并在全球高校创业教育领域中取得显著成就。同时，加拿大在联合国教科文组织的领导下进行了一系列创业教育的具体改革，取得了相当不错的成绩。

（二）加拿大创业教育的特点

1. 重视创业精神的培养

创业精神包括创业热情、创业兴趣、创业目的、创业需求等诸多要素。在加拿大高校看来，学生进行创业教育是否能够取得成效，是否能够真正将创业知识转化为实际的企业活动，关键在于学生是否具有强烈的创业精神。当学生具有创业精神，便能够在创业时不畏艰难、把握时机、统筹一切、敢闯敢干。

2. 重视各种创业大赛

竞争意识对提升竞争者的各项能力与水平至关重要，把竞争机制引入创业教育无疑是加拿大创业教育的明智之举。加拿大各高校时常联合举办创业大赛，学生为了各自所在高校的荣誉，为了展现自身的创业知识与创业能力，不仅会积极准备创业大赛，还会在比赛中使自身的实践能力得到锻炼与提升。

3.实践基地数量众多

加拿大具有数量众多的创业教育实践基地，这些实践基地一般是在加拿大政府的支持之下，由有关部门联合高校共同建立而成。先由高校与有关部门进行协商，两者达成一致后向政府申请，申请通过后，可以在指定地点开始筹划建造实践基地。实践基地一般用于为大学生提供实验场地、配套硬件设施使用场地、科技成果展示场地等。同时，能够进行一些创业孵化。总之，其对于创业教育与实践发展具有不可或缺的意义。

4.课程体系十分完善

至 2020 年，加拿大已经有 200 多所高校为大学生开设将近 1 000 门创业教育课程，其中多数高校都把创业教育作为一个单独的、全新的研究领域，学生可以专修创业教育这一方向，从而获得创业教育学士学位。

创业教育的课程体系中还包含理论课程与实践课程两大部分，而同时这两大部分可分成创业基础理论模块、创业竞技活动模块、创业高级理论模块、创业中级理论模块、创业实践模块，而每一模块又分别包含其他内容。可见，加拿大创业教育课程的类别比较庞杂，不同的模块具有不同的侧重。

5.创业教育重视"产学研"结合

加拿大高校普遍重视科研以及与企业进行合作。一方面，高校鼓励学生进行创新活动，鼓励他们在创业孵化基地进行创业研究；另一方面，高校长期与企业紧密结合，既为企业输送数量庞大的高素质毕业生，又吸引企业到高校进行宣讲。这样一来，就形成了校企合作下互利互惠的良性循环，促进了创业教育的不断发展。

第二节　亚洲国家高校创业教育概况

亚洲部分国家的高校创业教育的发展并不亚于欧美诸国，如日本、韩国、新加坡等国都在创业教育领域取得一定成绩。在一定程度上说，对亚洲国家的创业教育进行研究具有更加现实的意义。

一、日本创业教育概况

日本是中国的邻国，自古以来中国的文化传入日本被他们深深喜爱，在他们的教育发展过程中，一方面受欧美国家的影响，另一方面也受中国文化的深刻影响。日本大学创业教育模式的成功无疑对中国大学创业教育的发展具有重要的借鉴意义。

（一）日本创业教育的发展历程

早在 20 世纪 60 年代，由于急需能够熟练应用工作器械的工人，日本开始产生将教育与工作相结合，致力培养理工应用型的专业工人，只是并未形成具体关于创业的教育模式。

随着经济快速发展，加上欧美等国创业教育的影响，日本在 20 世纪 70 年代出现创业教育。这一时期，日本社会中各种企业都取得较大发展，而企业的发展不可避免地提高了社会对人才的要求，所以日本开始把培养不同领域的专门人才和创业人才作为教育事业的重点项目。"为此，日本政府加强了对高等教育机构的改革，加大技术型大学、电视大学的建立力度，加强研究生教育改革与学术研究，注重通过产学合作和国际交流形式开展高等教育合作，以提高高等教育质量。"[①] 同时，日本部分高校开始开展 MBA 相关课程，如教育开放中心，大力倡导 4S 主义，要求教育教学活动必须针对研究、学生、社会、服务四项因素而进行制定与开展。

20 世纪 80 年代，日本开始与社会力量结合，大力举办促进创业与创新的讲座、论坛、交流会。虽然这些活动的规模不大，但是成为日本创新与创业理念开始形成的前驱，对大学生未来的职业规划有所帮助。

20 世纪 90 年代初，日本难以逃脱经济大萧条，许多传统行业面临崩溃，由此产生大批量失业人员，他们需要社会中的新型企业为其提供就业岗位，这就催生日本关于创业的一系列政策。其中，鼓励大学加大创业教育，提高对创新人才的培养力度成为重要环节。20 世纪 90 年代中后期，这些政策开始在日本政府的宏观调控下逐渐落实。

进入 21 世纪，日本颁布《教育公务员特例法》，该法规定有条件解除国立大学与科研机构对于研究人员兼职的限制，并在同年提出促进国家创业

---

① 李志永．日本高校创业教育 [M]．杭州：浙江教育出版社，2010:53．

教育的提议。提议一经提出，日本社会各界广泛响应，学生群体提起浓厚的创业兴致，很多高校也开始创办创业课堂。

2001 年，日本提出"远山计划"，该计划对之前的部分国立大学进行大胆的重组与合并，对具有明显实力的大学采取不同于以往的管理与发展模式，为大学开展创业教育提供支持。2002 年，"日本'官、产、学'合作促进会议提出希望通过技术转让机构、育成中心、产学合作机制等推动大学开展创业活动和创业教育，还提出了在 3 年内创设 1 000 个大学风险企业的目标。"① 该项会议对于日本"官、产、学"结合的人才培养模式提供了较大的推动力，促使三者有机融合与统一，从而为日本创业教育发展提供较大支持。2003 年，日本政府成立"梦想之门"，由财团法人风险企业中心为学习国际先进经验而专门成立。2004 年，国立大学法人化改革后，与创新创业有关的要素成为评价大学的重要指标，更拉近了大学与企业之间的关系，使创新和创业成为日本大学的焦点。2009 年，日本政府又在多方考察下，特地创办了"创业教育"数据库，以便有创业意向的年轻人能够搜寻得到充足的创业资料。

（二）日本创业教育的特点

日本创业教育取得了显著的成绩，虽然不及欧美等发达国家，但是日本能够冷静、客观地分析本国与他国的差距，并提出改进方案，不断缩短自身与他国的差距。下面即对日本创业教育的特点进行论述。

1. 具有层次划分

日本最初的创业教育针对社会上的一些职员或者其他社会人员，后来转变为针对部分重点高校的大学生。日本政府逐渐对创业提起重视，对教育部门提出更加全面的创业教育要求，目前日本已经形成具有一定体系、具有不同层次的创业教育。日本形成从小学到大学的创业教育模式，无论是刚刚步入学校的儿童，还是已经具备成熟的世界观与价值观的大学生，都要进行创业教育。可以说，创业教育贯彻学生接受教育的任何阶段，只是不同教育阶段的侧重点不同。例如，小学阶段的创业教育注重培养学生的创业精神，让学生能够在内心萌发关于创业的"种子"，并不要求他们在此时就具备全面的创业知识；中学阶段的创业教育侧重传授企业管理方法，包括对竞争店铺

---

① 刘莉萍. 日本和新加坡创业教育比较研究及启示 [J].2015(2):4.

的把握、商品企划等；大学阶段的创业教育除了要进行创业精神的培养，更要进行创业知识、创业能力等多项素质的培训。这种不同教育层次的划分使日本创业教育内容更加精准地对接不同学龄与学习阶段的人群，从而达到因材施教，获得更好的教育结果。

2. 课程种类多样

日本除了对不同教育层次的学生进行不同的创业教育，对待同为高等教育阶段的大学生群体也设置了种类多样的创业教育课程。日本政府综合考量不同地区、不同学校各项水平，提出了四大类型的创业教育课程。

（1）创业家专门教育。这是针对具有比较强烈的创业意愿，并期望尽快创业的大学生而开设的一种创业教育课程。代表性的大学为东京工科大学，该校单独设立创业能力专业，这一专业主要以计算机科学、生物学、媒体学、医疗专业的高科技为基础，力图培养新一代创业家，为社会与市场的发展提供新的动力，从而为学生开设关于创业的基础课。

（2）企业家精神涵养型。这种教育方式面向全体大学生，是创业教育设置最广泛、最普遍的课程，主要目的是提升大学生群体的创业精神与创业涵养，提升他们自身的创业兴趣。

（3）创业技能副专业型。这种类型的创业课程是为以工学、医学等专业为主修专业、创业为副专业的学生而设置的课程。

（4）管理技能综合演习型。这种教育类型以庆应义塾大学的商学院为代表，是区域性创业家养成项目。经验丰富的社会人体系化地为学生讲解关于区域性创业的必要创业能力。

3. 基于实践

"创业实践实习是创业教育的重要内容之一，参与创业实践实习能进一步巩固学生的知识，激发研究欲望。"[①] "日本的高校都非常重视创业实践教育，各高校会根据本校学生的独特之处，为每位学生提供量身定做的创业实践实习机会。大阪商业大学作为日本高校创业教育的典型，在注重创业教育理论学习的同时注重创业教育实践的实施，其创业教育课程包括课堂讲解、案例分析、情景模拟、实地调研四个部分。大阪商业大学以注重培养学生的

---

① 胡松年 . 国外大学生创业教育的发展与特点 [J]. 高教发展与评估 ,2010(4):15.

企业家精神为根本，在此基础上进一步培养学生发现以及解决创业问题的能力。"[1]

可见，创业教育与实践不可分割。在欧美诸国，早已经将创业知识教育与创业实践过程进行融合，并取得一定的成绩，极大地提高了学生解决创业生涯中遇到各种问题的能力。日本也开始注重实践能力培养，力图在实践的基础之上开展创业教育。

4. 师资力量雄厚

日本为了更好地进行创业教育，一方面聘请大量专业校内教师，另一方面聘请校外教师。校内教师一般是对学校内部的部分商科教师进行集中的创业教育培训，再由他们对学生进行全面的创业教育；校外教师一般由社会上的知名企业家、律师、教授、学者构成，他们能够进行创业、管理、经济等方面的讲授，为学生之后的创业活动打下坚实的基础。

5. 官、产、学结合

日本创业教学的最大特点在于它的官、产、学结合的办学模式。

（1）官。在官的层面，日本政府强烈要求大力开展创业教育，并在教育发展进程中起决定性作用，成为整个教育事业的指挥者、推动者、领导者。

（2）产。在产业层面，日本各企业首先听从政府的各项要求，按照政策对企业自身进行管理；其次重视从学校吸引高素质人才，以充实自身发展。在这样的过程中，高校学生的各项能力与水平都将得到提升。

（3）学。学校配合政府各项政策与要求，大力进行教学改革，转变传统教学观念，加强学校与企业之间的联系，为学生提供更多的实践与发展的平台。

总之，官、产、学结合的办学模式能够充分利用国家政策，积极引进产业优良模式，做到三者有机结合，为创业教育提供全方位的服务。

二、韩国创业教育概况

韩国高校创业教育正式兴起于 20 世纪 80 年代，虽然从 1972 年开始，韩国就成立了教育开发院，为创业教育制定相关法律法规，但是并未明确高

---

[1]　华静雨，翁清．每日高校创业教育的成功经验及其启示 [J]．创新与创业教育，2014（3）:102.

校创业教育的概念与教学实践。20 世纪 80 年代后，韩国开设创业教育课程。此后，韩国创业教育经历了一段缓慢发展期，直到 21 世纪开始蓬勃发展，并取得了一系列可观的成绩。

（一）韩国创业教育的发展历程

20 世纪 60 年代，韩国政府在世界各国都在大力发展经济与科技的大环境之下，大力进行"技术革命""科学立国"改革，使全国开始了科技革命。

20 世纪 80 年代初期，韩国政府确立关于创业教育的具体计划，大力支持各所高校对创业教育进行研究与发展，并有效地孵化出较多中小企业。这一时期，韩国高校也开始设立与创业相关的正规课程与非正规课程，这两类课程共同构成韩国创业教育的整体。同时，这些课程被学校与教育部门纳入学生学业考核体系之中，与其他专业科目一样都具有学分。1987 年，东国大学产业工学系将题为"创业与项目分析"的讲座纳入正规课程，还出版了与"创业与项目分析"同名的学术专著，该书对欧美等先进国家的创业教育进行论述，对他国的相关经验进行阐释，并为韩国之后创业教育的发展提供构想，做出展望。"创业与项目分析"课程的开展与《创业与项目分析》书籍的出版使韩国的创业教育由此进入蓬勃发展期。

20 世纪 90 年代，韩国政府明确提出"尖端科技立国"战略。在这一战略的带动之下，韩国创业氛围与创业教育得到显著提升，并出台了许多相应政策。

1999 年，韩国崇实大学和湖西大学首次招收创业教育专业学生。"其中，崇实大学在'风险投资中小企业学部'新设了中小企业学与风险投资创业学两个专业。课程设计以实用主义为理念，主要开设与中小企业创业及经营相关的实务型科目。例如，创业的决定性因素、项目创意的发掘与评价、项目计划书的制作等。"[①]

2000 年，韩国教育部又在政府的指导下，在韩国具体的社会环境中，提出关于创业教育进一步发展与推进的全新计划，预计到 2000—2003 年为创业教育投资 1 900 亿韩元，以促进韩国高校创业教育的蓬勃发展。

2007 年，韩国成立创业教育协会，协会以发扬创业精神，凝聚创业

① 朴钟鹤.韩国高校创业教育发展与创新——以五所"创业研究生院"为例 [J]. 比较教育研究 ,2013(5):63.

能量，开拓创业事业为目标，对高校师资培训、课程研发起到重要的推动作用。

2010 年之后，韩国创业教育事业仍然处于稳步发展阶段。"2010 年开始，韩国高校的创业教育得到了全面发展，创业教育生态不断趋向完善。截至 2017 年底，韩国共有 194 所高校创建了创业学院或者创业保育中心，同时开设创业课程的高校及创业课程量随之得到了飞速增长。"①

（二）韩国创业教育的特点

1. 注重产学合作

与日本相似，但又有所不同，韩国的创业教育注重产学合作，这实际上与校企合作是相通的。韩国的产学合作大致分为四个时期，分别为 20 世纪 90 年代的萌芽期、2003—2011 年的投入期、2012—2016 年的发展期、2016—2020 年的完善期，具体如表 5-1 所示。

表 5-1　韩国创业教育的的产学合作

	萌芽期	投入期	发展期	完善期
概念	以供给者为核心	以需求者为中心进行均衡合理的分配	重视竞争与卓越	强调互相帮助、共同进步的持续发展
目标	研究、开发	研究、商业化	促进知识在市场中价值的实现与发挥	增强企业自身的竞争力，从而增加就业岗位，解决社会人群就业问题
教育	侧重理论研究	侧重现场与实习	扩大创业教育规模	理论与实践相结合
评价	以高水平科技论文为主	以技术转移及商业化成果为主	以产学合作先导模型创出成果为主	以地区经济发展与独立成果为主
合作方向	以大学为中心的单向合作	同上	以互助为目标的单向合作	产学之间的双向发展

① 施永川，王佳桐. 韩国高校创业教育发展的动因、现状及对我国的启示 [J]. 华东师范大学学报,2019(1):47.

2. 教学比较灵活

最初，韩国的创业教育只有正规课程与非正规课程两类，后来不断发展，已经在创业教育事业中发展出十分灵活多样的教学形式，并且具有较强的个性化与弹性化特征。例如，韩国除了有比较系统而完善的第一课堂，还有第二课堂。第二课堂对韩国创业教育也发挥出很大作用，其一般通过各种类型的创业比赛、创业研讨会、创业报告、创业讲座、创业采访等形式而展开，有利于学生深化对创业相关知识的理解。

3. 成果回馈

韩国在学生、学校间形成一条十分紧密的联系纽带。韩国创业成功的毕业生应当回馈学校，如提供给学校一定的资金支持、对在职人员工作的支持和硬件设施支持，等等。在学生对学校的回馈过程中，一方面，学生能够加强自身企业的影响力，从而吸引更多优秀人才在实习时或毕业后加入进来，充实企业的实力；另一方面，在校生也能通过在企业中获得的经验提升自己的就业、创业经验。

综上，韩国创业教育经过多年的发展，已经开辟出自己特色化的创业教育发展路径，其中产学合作与创业回馈等特点不仅对韩国教育事业的发展起到很大助推作用，对我国的创业教育也有一定的借鉴意义。

三、新加坡创业教育概况

新加坡自独立以来一直把人才培养作为国家重要的发展战略。为配合国家 21 世纪国际化发展战略，培养敢于突破资源约束瓶颈、具有开创性和企业家精神的复合创业型人才，新加坡创业教育理念与行动在转型与发展中取得重大突破，成为亚洲创业教育中独具特色的一环。

（一）新加坡创业教育的发展历程

新加坡在历史上曾隶属于不同国家，在 14 世纪曾属于拜里米苏拉建立的马六甲苏丹王朝，19 世纪初被英国占为殖民地，1942 年 2 月 15 日又被侵略的日军占领。直到 1965 年，新加坡才正式脱离马来西亚联邦而独立。长期受到侵略与殖民，新加坡逐渐成为多元文化碰撞与交流的聚集地，也更容易接受新兴文化与产业，所以新加坡的创业教育就亚洲而言也开展得较早。

20 世纪 70 年代初，新加坡经济一派萧条，国内各类行业都不景气，缺乏企业与就业岗位，失业人口陡增。于是，新加坡政府开始向英国学习，成立新加坡经济发展局（简称 EDB）。EDB 在借鉴欧美国家经验的基础上，对当时的社会进行一系列改革，制定出相关的可行性政策。例如，通过制定优惠政策引进外资，在国内建立工业园区；对职工进行职业训练，提高劳动者素质，降低失业率，积极创造就业机会；等等。后来，随着新加坡经济逐渐复苏，市场环境开始回暖，EDB 又对政策做出适当调整，如开拓职业培训渠道、大力发展职业培训、致力提升员工的专业能力等。这些政策在一定程度促进了其创业教育的萌芽与发展。

进入 20 世纪 90 年代，新加坡为了应对全球化的国际形势，增强自身在国际社会的影响力，开始制定以全球化为核心的经济发展目标，对各行业的专门人才与具有较强能力的创业人才有着较大的现实需求。

第一，新加坡不仅大力发展教育，而且给高校下拨较多的教学与科研经费，以促进学生各项能力的提升。

第二，新加坡对国内企业与海外企业分别实行"走出去"与"引进来"的政策。对于国内企业，实行"走出去"，政府支持其在国内的大学创办产业园，开展宣讲会与各种讲座，加大企业文化对在校生的影响，深化学生对企业的感性体验；对于海外企业，实行"引进来"，政府支持其进入新加坡投资，建立工业园区。如此一来，新加坡无论是高校内还是社会中，创业氛围愈发浓厚，为创业教育的发展提供了一定的支持。

20 世纪末，金融危机对新加坡造成较大影响，政府发现之前所大力推行的"走进来"并不能真正解决新加坡的经济问题，于是，新加坡开始积极寻找应对之策，开始大力鼓励和支持年轻人自主创业。进入 21 世纪，新加坡的创业教育体系在政策的推动下已经取得丰硕成果。在小学，新加坡以游戏教学的方式促进学生对商业知识的了解；在中学，新加坡以开设普及课程的形式对学生进行创业与管理知识的教育；在大学，新加坡开设辅修专业与专门学位，并设立面向非在校生的社会人员创业培训班。这意味着新加坡的创业教育已经开始走向成熟并具有一定的规模。

2006 年，新加坡在多方联合研究与探讨之下开展新型计划——"智能城市 2015"，即"iN2015"，计划遵循创新、整合、国际化三个原则，希望通过各种创新型行业的整合与国际化促进社会发展。次年，新加坡政府又推出"未来学校"项目，项目以"未来"作为主旨，即改变以往传统教育的模式与发展思路，在信息时代的新兴背景之下，力图找寻更具创新型的教育模式，要求学校在已经具备的硬件设施与师资力量基础之上，加入更多信息化要素，促进学校转型。首波入选的试点学校有 5 所，分别为康培小学、重辉小学、裕廊中学、克信女中、华侨中学。

2008 年，新加坡继续加大"未来学校"的建设力度，将更多学校纳入"未来学校"计划中，扩大其在社会与教育事业中的影响力。这对提升学生的创新能力与创造能力有积极意义。

经过近几年的发展，新加坡创业教育事业又取得一定的成绩，教育体制完善，教育模式多元，教育方法多样，对亚洲其他国家产生了积极影响。

（二）新加坡创业教育的特点

1. 创业教育保障体系比较完善

新加坡政府与高校十分重视创业教育事业得以顺利开展与发展的各项保障。为此，新加坡从以下几个方面入手，完善创业教育的保障体系，帮助学生提升自身的创业素养。

第一，政府提供政策支持。例如，国家开展"智慧国家计划"，运用现代化信息技术，大力扶持各种中小企业，促进它们发展壮大；通过了《知识产权（纠纷解决）法案》，以此推动高素质研究人员能够更快更好地为自己的学术成果与创新创业成果申请专利；等等。

第二，政府提供资金支持。"新加坡政府、社会企业、国家基金会为高校创新创业教育投入大量资金。政府设立专项资金，每年用于风险投资、技术转移和创新创业的资金不少于 20 亿元新币。"[①] 可见，新加坡政府不仅从国库下发一定数量的财政支持，还带动其他企业、基金为创业教育提供经费，以期社会各界共同助力教育事业发展。

第三，高校提供专业指导。新加坡众多高校为具有创业意向或者具有创业潜力的大学生提供全面、专业的指导与支持。例如，义安理工学院对学生提出每人都要在大二时参加创新创业设计的要求，并且学校会为他们提供专门的指导，以促进学校顺利开展市场调研、制作模型等活动。

第四，高校提供场地支持。新加坡部分重点高校具有雄厚的实力，能够为创业教育提供一定的场地支持。例如，国立大学成立"企业培育所"，对

---

① 邹瑞睿. 新加坡大学生创新创业教育特色及其启示 [J]. 合作经济与科技, 2017(9):89.

创新创业所需要的器材与设施进行筹备；2001 年，南洋理工大学和新加坡政府经济发展局合作创办了科技创业中心。[①]

2.注重产学研结合

创业教育在新加坡开办之初，政府要求高校要自主设置相关课程，对学生进行统一性、规模化的创业教育，并未提出与企业合作的战略方针。进入 21 世纪，尤其是 2010 年之后，新加坡开始注重校企深度合作的产学研教学机制。这对深化当时新加坡的教育机制改革、调动学生创业积极性、丰富与充实学生的创业感悟和创业经验具有重要意义。例如，"劳斯莱斯汽车公司、德尔塔电子公司、新加坡地铁公司、新加坡科技工程有限公司和新加坡电讯有限公司，通过技术创新，开发新的工具，将企业吸引进校园，既为工业发展培养人才，又带动了高校开展创新创业教育。"[②]

3.注重国际化与现代化

第一，国际化的课程让大学生在学习过程中了解更加广阔的就业、创业信息与前沿动态，从而能够实现课程与国际接轨，增强创业教育的实效性。

第二，国际化的师资让大学生接受更专业的指导。创业教育的教师大多留学于欧美等发达国家，深入了解创业教育的各种知识与资讯，而且经常参加学术会议与论坛，所以他们所传授的知识往往具有前瞻性。

第三，新加坡的教学手段与教学模式体现出现代化的特征。教师教学时常使用多媒体技术、电视电话会议技术、数字化信息查询技术等各种高新技术，这样能够使学生及时有效地实现世界范围内的知识资源共享。

四、印度创业教育概况

据统计，每 10 万个印度人中就有一个人曾经参加或者正在参与创业活动。该国的创业教育有一定的可取之处，值得我们借鉴。

（一）印度创业教育的发展历程

印度创业教育起步于 20 世纪 60 年代，大致可分成三部分，分别为萌芽期、发展期、多元期。

---

① 乔娜.新加坡创新创业教育体系的建设与启示 [J].世界教育信息,2019(1):43.
② 乔娜.新加坡创新创业教育体系的建设与启示 [J].世界教育信息,2019(1):43.

1. 萌芽期

印度虽然社会发展速度与西欧诸国相比判若云泥，但也正是由于其社会结构不够均衡，就业问题比较突出，迫使印度政府开始重视创业教育，并纳入教育规划的日程中。

印度的创业教育也被称作"自我就业教育"，最早出现于 20 世纪 60 年代印度教委会所提出的一份报告。印度政府看到报告后，对印度社会问题提起重视，认为解决一系列社会问题，包括就业问题的最佳方法是创业，于是开始在印度理工学院（IIT）与印度工商学院（IIM）开展创业教育。同时，印度政府曾经出资建造的部分小型企业拓展训练机构开始承办一些创业教育活动，相当于非政府性质的创业教育机构。虽然这些都是民办的机构，但是对创业教育的发展有一定的促进作用。这就促成了印度创业教育非政府组织的萌芽，并为其之后的发展打下基础。

2. 发展期

印度创业教育发展期为 20 世纪 80 年代至 20 世纪末。20 世纪 70 年代印度为了缓解人口增长曾采取强迫国民节育的政策，结果非但没有使人口增长速度有所缓和，反而导致人口数量急剧增长。大批量年轻人从学校毕业面临就业难的问题，很多有孩子的人为了更好地抚养孩子而全部去寻找工作，这些都使社会的就业情况异常严峻。鉴于此印度政府加大了创业教育发展的力度，希望创业教育能培养出更多优秀的创业人才，解决社会就业的燃眉之急。

1982 年，印度自我就业教育协会开办全国自我就业研讨会，要求为发展企业家精神营造一种合适的氛围，并强调印度社会各级相关教育要倾力配合，从教育早期就开始引导学生个性的全面发展。

1983 年，印度创业发展学院成立，并于 5 年后开设创业教育课程。印度创业发展学院具有其特有的新型创业观念以及完善的创业教育课程体系，为印度各类高校开展创业教育提供了参考与借鉴，在很大程度促进了印度经济发展。

1986 年，印度政府发布《国家教育政策》，该文件指出创业教育要培养大学生自我就业所需的态度、知识和技能。在政府大方针的引导下，创业教育开始逐步进入快速发展期。

1998 年，印度理工学院的 Kanwal Rekhi 信息技术学院成立，该学院注重培养与创业接轨的信息技术型人才，以期加强学校学生与工业界的互动合作，为印度社会培养大量技术与管理能力兼备的双能型人才。

在这段时期，一方面，印度创业教育取得迅速发展与可观成绩，开办创业教育与各种培训的非政府组织也较为活跃；另一方面，印度开始涌现出大量开设创业教育课程的高校，高校与非政府组织共同为创业教育的发展发挥着举足轻重的影响。

3. 多元期

进入 21 世纪，印度创业教育开始进入多元发展期，教育的多样化成为这一时期的主要特征，印度创业教育在这一时期开始普及到全国所有的大学与学院。据统计，21 世纪初，印度有超过 100 所高校开设创业教育，而且每所大学的创业教育内容、教育方式均不相同，形成了"多元化的创业教育主体、多层次的创业教育课程以及多模式的创业教育体制"。

2000 年，印度创办科技孵化中心，希望在孵化中心开展大量创新教育与科技实验，通过科技所发明的产品来带动创业活动的不断开展。

2003 年，瓦迪瓦尼基金会成立国家创业网，建设了一个由印度的 600 多所大学、1 000 多个创业顾问、3 200 名教职工共同组成的强大的工作网，希望以此激发、培养、支持新兴企业家。

2006 年，印度电子与计算机产业也开始成立相关的孵化器，为中小企业继续发展提供平台与实验基地。2013 年，印度软件和服务行业企业协会设立"10 000 star tups"机构，为相关领域创业者提供支持，如资金支持、项目支持、合作支持等。在这一时期，印度创业教育迈上更高平台，比 21 世纪之前的发展更具时代性，也更富多样性。这使创业教育课程体系不断完善，得到了社会的认可。

（二）印度创业教育的特点

1. 非政府组织作用明显

印度创业教育之所以取得较好成绩，与社会中较多非政府组织教育机构的努力不无关系。在印度创业教育过程中，"虽然政府、企业都发挥了不可忽视的作用，但由于政府失灵和市场失灵现象的存在，创业教育在很多时候仍需要借助第三只手——非政府组织的支持才能够得到更好的发展。非政府组织以其独立于政府、具有非营利性、志愿性和自主性等特点，能够有效弥补政府和市场的不足，为创业教育营造出良好的发展环境。"① 可见，印度的非政府组织在创业教育事业中作用十分显著，成为创业教育的一股重要推动力量。

2.受传统思想的制约

印度具有影响十分深远的文化传统，如印度的各种宗教，包括印度教、婆罗门教、耆那教、佛教等，其中以佛教对印度文化影响最深。在佛教的影响下，很多印度人相信六道轮回，只愿在佛祖的光辉之下行善事，以求来世福报。虽然社会不断朝着现代化迈进，但是这种保守性与宗教性从未真正离开印度。于是，"一部分印度人，安于现状、不思进取，祈求来世，听从命运安排。人们普遍认为，平和的心态可以通过精神上的平静来获得，而不是物质上的追求"②。

第三节　国外高校创业教育对我国创业教育的启示

对其他国家高校创业教育的概况进行研究与分析，总结欧美诸国与亚洲诸国创业教育的特点，这对我国创业教育发展与改进有着一定的启示。

一、国外创业教育特点汇总

（一）欧美诸国高校创业教育特点

欧美诸国高校创业教育特点如表 5-2 所示。

表 5-2　欧美诸国高校创业教育特点

国家	高校创业教育特点
美国	具有完备的体系、重视转变学生的就业观、强调进行创业实践与体验、师资队伍受到专业培训、课程评价体系比较完备、相关团体组织数量较多
德国	针对性较强、重视结合实践、寓于教学的全阶段、具有完备的管理制度、重视跨学科、跨领域合作
英国	与传统教育共同发展、课程种类较为多样、相关基金项目充足、师资具备创业精神、实践与创业活动众多

① 　徐苏晓.印度创业教育非政府组织发展历程 [J].经营与管理,2016(10):27.
② 　施晓光.印度高校创业教育：发展中国家的个案 [J].比较教育研究,2014(2):45.

国家	高校创业教育特点
法国	受到政府大力支持、课程体系比较完善、受到大学校的引领、具有一体化整合模式、激励机制较为完善
加拿大	重视创业精神的培养、重视各种创业大赛、实践基地数量众多、课程体系十分完善、重视"产学研"结合

（二）亚洲其他国家高校创业教育特点

部分亚洲国家高校创业教育特点如表5-3所示。

表5-3　部分亚洲国家高校创业教育特点

国家	高校创业教育特点
日本	具有层次划分、课程种类多样、基于实践、师资力量雄厚、"官、产、学"结合
韩国	注重产学合作、教学比较灵活、成果回馈
新加坡	保障体系比较完善、注重产学研结合、注重国际化与现代化
印度	非政府组织作用明显、受传统思想的制约

通过以上表格可以看出，各国创业教育各有自身的特点，但是多数国家都比较注重如下几方面。

第一，注重完善创业教育课程体系，包括创业教育课时安排、种类设置等。

第二，注重产学研合作，把创业教育从书本与课堂中提取出来，真正与企业、科研相结合，从而使创业教育更具实践性。

第三，注重师资力量培养，大部分国家都把教育改革与发展的重点放在师资之上。

所以，我国先要从其他国家吸取以上经验，丰富和发展我国的创业教育，再结合我国的国情，制定出更加具体的教育发展措施。

二、促进创新型创业课程发展

创新型课程体系并不是意味着在原来课程基础之上加入一些课时，或者进行简单的、毫无实用性的所谓的实践教学，而是要在吸取他国创业教育经验的基础上，立足我国现实情况，构建顺应时代发展潮流，符合学科发展方向的创新型课程。正如学者所说："创业教育的课程体系既不应该单纯依靠现有商学院的课程体系，又不能只是在现有教学体系的基础上添加几门创业学科。"① 所以，我们必须积极突破传统课程局限，创建注重实践、注重个性、注重交流的课程体系，思考教育转变之路。

（一）促进创业课程与传统课程融合

不可否认，我国创业教育经过几十年的发展已经有了一定成效，但是仍然存在学科建设不健全、课程设置随意、课程课时较少等问题，尚未形成系统的专业化创业教育课程体系。

为了应对这一问题，先要做的就是转变教育观念，促进课程融合。首先，从学科发展的层面看，单纯的一门学科所能取得的发展上限较低，它只涉及一个领域，缺乏相关的辅助与支持，所以创业教育应当与其他学科融合，从而达到"取长补短""互利共赢"，促进学科发展的目的。其次，创业课程本身就具有极大特殊性，其学科构成不应当只是简单的创业学理论知识传输，而需要其他学科的各种材料进行充实与丰富，这就决定了创业课程依赖课程融合。再次，许多国家已经通过创业教育课程融合取得一定可观的成绩，其中包括与中国同处于亚洲的日本。日本把创业教育课程分成创业家专业教育型、经营技能综合演练型、创业技能第二专业型和企业家精神涵养型四类，对学生进行分门别类的针对性教育。

（二）促进理论课程与实践活动结合

创业教育不同于传统学科教学，不仅需要课堂上的理论传授，还需要实践的指导。这就要求在开发和建设创业课程时注重理论与实践的有效结合，让理论课程和实践课程的课时设置比例符合创业教育的要求。

理论课程的内容不可过于单一，一定要注重多学科的融合，不仅包括创新和创业方面的知识，还应包括金融、财务、人力资源、市场营销、工商管理等诸多相关学科知识。

实践性课程设置要规范和合理，一方面可以聘请校外知名学者和成功企业家走进课堂，进行授课，另一方面可以让同学们走出课堂，走进知名企业或正在创业期的公司，真实了解企业如何运营与管理。这种灵活的课程设置不仅可以提高教学的实效性，还可以激发同学们对创业的热情。

① 王占仁.广谱式创新创业教育体系建设分析 [J].教育发展研究,2012(3):65.

（三）促进学生创业意识有效提升

无论小学、中学还是高校，最基本的核心与要点在于"育人"与"育德"，而"育人"的本质就是一种素质教育。创业素质教育相比传统的学科教学，其更注重思维的创新、意识的引导和能力的培养，包括创业思维的养成、企业家精神的培育以及创业能力和管理能力的培养等，这会使学生受益终身。因此，创业教育应是一种不可或缺的面向全体学生的教育。高校应开设与创业课程相关的通识必修课，规范课程设置，扩大课程的实施范围，积极促进创业教育融入高校人才培养体系。

三、培养高素质创业师资力量

当今经济社会变化较快，教育发展也日新月异，教师必须不断更新自己的专业知识体系，提高教学和科研能力，如此才能满足目前高校教育教学改革和学科专业发展的新要求。我国大学生创业教育起步较晚、基础较弱，师资队伍建设方面问题突出，成为一大制约因素。

反观发达国家，其在创业教育师资方面做得较好，不但师资规模庞大，而且师资素质普遍较高，甚至具有全职与兼职两种类型的创业教育教师。以美国为例，作为世界上创业教育起步最早、发展程度最高的国家，其在师资队伍建设方面积累了丰富的发展经验，为我国提供一系列有益的参照。

（一）促进创业教育师资政策完善

建立健全创业教育师资的各种支持政策。众所周知，教育不是孤立的存在，创业教育更是如此，需要政策、社会、相关部门共同构建有效的支撑。其中，最主要因素在于政府，政府若能为创业教育建立健全更多实际可行的制度，便能够真正打造和建设良好的创业环境。反观发达国家，尤其是美国政府，其对创业教育给予了高度的重视，促使各领域的优秀人士积极投入创业教育中，丰富了创业教育师资队伍。可见，政府在创业教育的发展中具有引导作用，能在政策法规和运行机制方面为创业教育提供有效支撑。

我们也应着眼于政府的顶层设计与科学规划，为创业教育发展提供一个优良的政策环境和运行环境。政策是导向，我国在创业教育方面虽然颁布了一系列政策和相关法规，但多停留于宏观层面，不够具体，对实践的指导性有待加强。因此，我国政府可借鉴美国经验，优化创业教育政策和相关制度。

首先，政府应该从实际出发，制定一系列有针对性、具体可操作的创业教育支持制度和政策，为其发展提供一个有所依托的宽松环境；加强对创业教育政策的宣传和监督力度，刺激更多的人主动参与创业教育。

其次，政府应为创业教育发展提供资金支持，为创业教育发展提供坚强的后盾，同时为教师的教学和科研提供后援保障，使他们能够无后顾之忧地进行创业教育的研究。

（二）促进创业教育教师专业能力提升

对于一所开展创业教育的高校而言，专职教师的数量和质量决定了其创业教育的稳定性和教育质量。鉴于我国创业教育处于起步阶段，缺乏专门的师资培养机制，我们可在借鉴美国经验的基础上，制定短期和长期发展规划，完善创业教育专职教师队伍。

就短期计划而言，首先各高校可以从本校已有教师中选择那些有创业教育潜力并对此有较大兴趣的教师，根据学校开展创业教育的需要，对他们进行专门培训，创造条件让他们去其他创业教育成熟的高校进修，借鉴其先进的教学经验。其次，鉴于有些国家目前创业教育教师培养体系较为成熟，我国部分有条件的高校可聘请国外创业教育领域的专家来校任职。此外，还可招聘拥有与创业教育相关专业博士学历背景，并有一定实践经验的社会精英来校担任专职创业教育教师。就长期规划而言，科学的学科设计是培养创业师资的一种重要手段，我们可以通过开设专门的创业学专业，制定科学的创业教育课程体系和实践体系，培养专门的创业教育师资力量。目前，我国在创业教育学位体系建设方面已经取得初步成效，有的高校设立了创业学学位。但现有的教育资源远远无法满足创业教育的教学需要，必须继续加大创业学位体系的建设力度。有条件的高校可以借鉴美国高校的经验，参与创业教育专职教师培养，探索创业学硕士、博士的招生，设立创业学学科体系。

一些国家在师资培训方面已经逐渐形成体系，我们应该主动借鉴，为我所用。首先，美国重视内部交流学习，通过案例教学和研讨会等形式互相分享创业教育经验，共同解决教学中遇到的问题。我们可以参照这种做法，在高校内部组织各种形式的经验交流会和研讨会，针对学校内部存在的问题加强教师之间的交流和互动，还可成立内部培训和组织机构进行专门管理。其次，一些国家注意加强外部培训，组织各种师资培训班，比如美国考夫曼创业基金会的"创业教育者终身学习计划"就对创业教师进行专门的培训。在这一方面，我国已经开始尝试并取得一定成效，比如 KAB 创业教育（中国）

项目、由国家人力资源和社会保障部与国家劳动组织实施的 SYB 培训项目以及清华大学 DMC 创业研修班等，为创业教育师资建设提供了支持与培训。但有限的培训机构和项目对于创业教育教师的庞大需求量而言是远远不够的，因此我国应继续探索更为科学高效的创业教育培训机制。在培训项目设置的过程中，还要注重创业教育与专业教育、实践能力培养的融通，以期达到最佳的培训效果。

此外，还要加强校企合作，为教师提供创业体验的平台，鼓励在校创业教育教师走向社会、走向企业，培养实战经验，提高创业教育课程设置的针对性和效率。

四、加快产学研有机融合进程

我国的产学研合作从 20 世纪 80 年代中后期开始，经历了引入、探索、计划开展等发展阶段。在此期间，我国发布了较多文件与政策。例如，1992 年国家启动产学研合作工程；1997 年教育部颁布《关于开展产学研合作教育"九五"试点工作的通知》；1998 年教育部颁布《面向 21 世纪教育振兴行动计划》；等等。在以上政策的支持之下，我国产学研合作已经取得一定的成绩。下面即对我国产学研的发展历程进行论述。

（一）产学研三者的关系

产学研合作是我国科教兴国重大战略方针的重要内容之一，促进三者合作是我国教育事业发展、科研事业进步、企业能力提升的有效途径。

具体来看，产学研三者之间包含复杂的关系。以高校的视角观之，教学与科研是高校的两项重点任务。首先，高校要以教学为本，每年都要为社会与国家培养数以百万计的高素质人才。其次，高校要加强重视科研活动。科研是高校与其他教育阶段的院校最明显的不同，其能够为高校教学提供借鉴，也能为企业发展提供新型的技术支撑。以企业的视角观之，企业的员工门槛越来越高，这是由于社会发展水平越来越高，以及我国受教育群体不断扩大的客观情况所致。所以，企业需要高校为其提供源源不断的高素质后备人才。另外，企业还能够通过派遣有经验的在职人员对高校师生进行实践教学，从而提升高校师生的实践能力，丰富他们的实践经验，同时增加企业的知名度，扩大其影响力。可见，三者在一定意义上是一个利益共同体，应当互相依存、共同发展、共同进步。

（二）产学研的发展历程

20世纪90年代初，国家经贸委、教育部和中科院联合组织实施了"产学研联合开发工程"。

1997年，党的十五大提出科教兴国战略与可持续发展战略，要求把推动我国科学技术不断进步作为现代社会经济发展的重要路径。于是，我国有条件的科研机构和大专院校开始以不同形式进入企业或同企业合作，走产学研结合的道路，以解决科技和教育体制上存在的条块分割、力量分散的问题。

进入21世纪，我国涌现出许多产学研新兴企业。例如，人工智能、电子信息、军工信息化等领域先后诞生了固高科技、大疆无人机、晶科电子、商汤科技、思丹德等一大批"独角兽"企业或者"准独角兽"企业。

此外，我国还出现了多种产学研结合的新模式。例如，成果转让模式、技术开发模式、人才培养模式、共建实体模式、校企联盟模式、科技资源共享模式、技术交流模式、公共服务平台模式、科技园区模式。以上各种新型模式对于我国产学研结构调整、合作转型与发展都提供了很大帮助，对新型教育教学也有所启发。

但总体来看，我国与西方发达国家相比，产学研合作模式还有所不足，仍然需要我们加以克服与解决。例如，产学研各主体之间信息交流的平台不够充分，可能导致信息不对称；企业成果转化的"二次创新"可能不足；产学研合作中融资渠道不够顺畅；等等。这都需要我们提起相当的重视，以更加饱满的心态迎接产学研在未来发展中可能遇到的挑战与机遇。

五、开辟低龄化创业教育模式

根据上文论述可知，无论日本还是欧美等国，都比较重视对学生从小进行创业教育。例如，美国的创业教育协会曾经提出，创业是一项全民活动，而创业教育更应当涵盖和贯彻学生从初等教育到高等教育的全方位体系，一定要从小学开始全面普及创业教育，以培养学生的创业意识；日本的创业教育也是如此，要求学生从小开始接受创业教育熏陶，接受各种创业知识。对于小学生来讲，他们对知识的学习能力并不强，但潜移默化的影响对他们长大后的创业具有一定帮助。

反观我国，创业教育体系并不健全，在高校之前几乎没有任何与创业教育相关的课程。在小学阶段，我国的教育往往集中在数学、语文、英文等课程上，教师为学生讲解课文、古诗词、应用题等；在中学阶段，我国的教育集中在语文、数学、英语、物理、化学、生物等课程之上，仍然以这些课程的理论知识与应试考试为主；直到进入大学，学生才能接触创业教育，但是我国多数学校的创业教育并不完善，很多高校创业课程课时极少，甚至两周只有一个课时。

针对以上问题，我们必须要开辟低龄化的创业教育模式，让创业教育走进大学校园以外的其他教育阶段。在小学阶段，注重培养学生的创业意识和创业品质。例如，学校可通过开设理财教育、手工制作等活动与课程让学生萌发创业的想法、念头，在学生心里种下创业的种子。在中学阶段，注重培养学生的创业精神及企业经营方法。通过利用"综合学习时间"、模拟公司经营活动等，让学生了解基本的财务管理和经营管理方面的知识。

总之，我国应当吸取他国经验，形成一种"从娃娃抓起的创业教育新模式"，让创业教育贯彻我国教育事业的任何阶段，从而为学生未来的创业奠定坚实的基础。

第六章 中国高校创业教育的改进措施

第一节 增强高校受教育主体的能力

针对我国高校创业教育的现状与不足，结合国外创业教育的经验与启示，对创业教育制定符合我国现状以及发展目标的改进措施，是促进教育事业不断发展与进步的必由之路。那么，如何提升受教育主体的各项能力与创业素养呢？

一、打造创业心理

创业心理指人们从事创业活动的强大内驱动力，是创业活动中起动力作用的个性因素，是创业者素质系统中的第一个子系统即驱动系统。换而言之，学生的创业心理就是促使学生创业的动力。成为企业家的理想、赚钱养家的需要、走上人生巅峰的渴望以及对于创业的强大兴趣都可能成为创业心理，从而推动主体开始进行相关的创业活动。一般而言，打造学生自身的创业心理需要从以下几点入手。

（一）转变创业观念

创业观念指个体对创业的一系列看法。由于我国一直是传统教育方式，古代社会也常常有自然经济占据社会生产的主要内容，所以社会中的创业氛围和大学生自身的创业观念都较为淡薄。要使高校创业教育获得一定的改进与提升，大学生必须转变自身固有观念，改变对待创业的传统看法，真正认清创业的优势与重要性，真正认清创业教育对创业的重要意义。首先，广泛关注时事动态，对于世界的时政要闻有大体的把握，这样能够帮助大学生了解世界各国的社会状况，看到其他国家的创业者是怎样进行创业的；其次，广泛查阅创业知识，提高自身对创业的认知，了解创业的一切积极作用，从而对创业产生兴趣。

总之，观念的转变永远是行动做出转变以及获得荣誉的导向标，没有紧跟时代发展潮流的观念，就无法真正提升大学生的创业能力。

（二）培养坚定的意志力

创业之路不是一帆风顺的，创业者必须具有坚定的意志力，能够应对一切磨难，并且把这些磨难转化为有利于自身心理成长与发展的优势因素。正如罗伊斯（Josiah Royce）所说："从某种意义上说，意志力通常是指我们全部的精神生活，而正是这种精神生活在引导着我们行为的方方面面。"创业同样如此，对于创业的热情、需求能够使学生保持创业初心，克服创业艰难，从而达到既定目标。

意志是一个人源自内心深处的力量，有了坚定的意志，才能更好地指导人的行为。在创业过程中，我们不仅需要选择一个适合的行业，还应该坚定自己的意志，决心完成自己的梦想和抱负。在现实中，大多数创业成功人士都有不可动摇的意志力，他们内心坚信只要努力就会成功。这种信念不断地鼓励着他们，让他们为创业成功而不断努力。所以，大学生在打造创业心理之时，要树立坚定的创业意志，这是创业成功的最基本保障。一般而言，在培养自己意志力并进行训练时应当遵循以下原则。

第一，要保持专注。专注是通往成功的第一步。我们做一件事时，学会把注意力集中，排除心中的一切杂念。假如同时思考或尝试多件事，极有可能会降低做每件事情的效率。

第二，做好相应计划。好的计划会让自己做事充满条理，做起事来不会没有方向。

第三，为自己制定奖励，每当达成预设目标，可以奖励自己。

第四，坚持按照周期进行总结，可按日、周、月进行总结，争取每一周期都比之前有所提升。

（三）培养吃苦耐劳精神

吃苦耐劳是一种内在精神与品格的表现，对大学生创业教育与创业活动具有重要影响。它随着时代发展与进步不断充实自身的内涵，但是它的本质与核心从未变化，是一种为了成功而不辞辛苦的优良品格。俗话说："吃得苦中苦，方为人上人。"没有吃苦耐劳精神，只知道享乐，不仅无法真正成就一番基业，甚至无法保障正常的生活所需。可见，吃苦耐劳无论过去还是现在都不容忽视。

一些大学生在创业过程中，由于自己"初出茅庐"，缺乏社会经验与人脉，又觉得自己具有较高学历与素养，集家庭长辈万千宠爱于一身，容易产生"清高"的心理，这就造成了大学生在创业中的一些隐患，不利于他们创业成功。虽然以上客观因素难以在一时改变，但是大学生可以通过主观努力，逐渐将自己的事业推向正确的发展方向。

首先，大学生可以经常与家里长辈进行交谈，询问他们年轻时的奋斗历程，感受当年创业的艰辛与心酸，从中体会长辈的吃苦耐劳精神。

其次，大学生可以经常阅读"红色书籍"。这类书籍包含的内容比较丰富，既有表现我国伟大民族英雄为国抛头颅洒热血的无私奉献精神，也有我国在改革开放之初众多企业家的创业历程。以上各种事迹无不产生于艰难困苦的年代，老一辈革命家、企业家能够在如此艰难的条件不断努力，实现心中的理想，身为新时代的青年，又有什么理由不奋斗呢？

再次，大学生可以经常进行一些课外劳动与体育锻炼。曾有一项调查结果显示，我国高校内能够标准完成引体向上的学生只占少数，绝大多数学生无法在没有他人的帮助下进行标准的引体向上。这主要是由于当代年轻人普遍缺乏锻炼，而缺乏锻炼的原因虽然包含课业繁多、升学压力大等因素，但是更表明年轻人缺乏自觉锻炼的动力。

二、提升创业能力

欲创业，先要明白如何创业，没有清晰的思路，没有明确的方向，只能在创业之路四处碰壁。创业能力主要包括创业的基础知识、创业目标的初步确定、社会信息的广泛搜集、人际关系的建立与沟通，还有制定创业方针等诸多方面的内容。简单来说，创业能力包含如下几点。

（一）人际交往能力

以前创业需要有一定的场地和一定数量的员工，还要得到相关部门的批准，而当代创业或许只需要一台电脑，可见创业在一定程度上变得比较容易。但是，创业过程中又存在太多的问题，很多问题需要我们审慎思考、妥善解决。鉴于我们解决的大部分问题都是人与人之间的问题，所以创业很多时候是人与人进行交往的过程。对于大学生而言，必须具有较强的人际交往能力。

1. 人际交往能力

人际交往能力主要包含以下六方面的内容：人际感受能力、人事记忆力、人际理解力、人际想象力、风度和表达力、合作能力与协调能力。人际感受能力指对他人的感情、动机、需要、思想等内心活动和心理状态的感知能力，以及对自己言行影响他人程度的感受能力；人事记忆力指记忆交往对象个体特征，以及交往情景、交往内容的能力；人际理解力指理解他人的思想、感情与行为的能力；人际想象力指从对方的地位、处境、立场思考问题，评价对方行为的能力；风度和表达力是人际交往的外在表现，主要指与人交际的举止、做派、谈吐、风度，以及真挚、友善、富于感染力的情感表达，是较高人际交往能力的表现；合作能力与协调能力是以上诸多因素的综合展现，更是企业进行团队合作必不可少的部分。

2. 人际交往的原则

大学生提升人际交往能力要遵循如下原则。第一，平等原则，即与他人站在平等的角度进行沟通。无论自己是否初出茅庐，都要做到不卑不亢；无论自己有多高成就，也要做到尊重他人。第二，宽容原则。古人云："宰相肚里能撑船。"如果能够包容他人的缺点，可以有效减少很多误会与矛盾。第三，双赢原则。人都是趋利避害的，没有人愿意做对自己没有任何利益的事，所以人际交往中要遵循双赢的原则，在自己获得利益时，也要记得合作伙伴。第四，信用原则，诚实守信自古就是中华传统美德，从博大精深的成语文化中就可以窥其面貌，如一言为定、心口如一、言而有信、开诚布公等。在社会交往中，我们要做到不相欺、守诺言，使自己的形象更加可靠可信。

3. 人际交往的禁忌

人际交往要极力避免如下情况。第一，撒谎。撒谎是被人所鄙夷的行为。例如，一个爱说谎的人，在经常说谎之后，首先会为他人所不齿，其次自己也会受到良心的谴责。第二，恭维。赞美是人际关系的"润滑剂"，能够让不良的、尴尬的人际关系受到缓和。倘若在人际交往中总是说一些不切实际的恭维话，会令人心生轻蔑、厌恶，不利于人际交往。第三，不给他人说话的机会。人与人之间的交流是心理与语言的博弈，双方都要给予对方表达自己想法的同等机会，部分人讲起话来常常滔滔不绝，不给他人说话的机会，这样会使彼此的交往产生嫌隙。所以，要学会倾听，给别人说话留出空间。

（二）专业管理能力

专业管理能力包含专业能力与管理能力两方面。身为普通员工，只需要具备一定的专业能力即可。但想要自己创业，必须在充分了解行业相关知识的基础上，具备一定的管理能力，这样才能使企业正常运转。

想要提升专业能力，需要对自己进行一个评估，在对自己的优势与劣势有清晰了解的情况下，制定相应计划，从而有条不紊地按照计划提升自己的专业能力。例如，制定周目标、月目标、季度目标、年目标，通过不同的小目标共同组成大目标；定期复习专业知识，对自己的专业知识水平进行自我测评，从而找到不足之处，进行精准提升；与他人时常交流，借用他人视角找到自己专业领域的不足，从而提升专业能力。

管理能力与上述人际交往能力联系紧密，创业者首先要具备一定的人际交往能力，才能够实现与他人的真诚交流，从而在真诚交流的基础上提升管理效率。其次要运用一定的管理技巧，包括沟通能力（要善于倾听员工内心的声音）、协调能力（敏锐察觉员工情绪，为其建立相关的疏导、排泄渠道）、规划能力（通过精准明确的规划，为公司的前途指明方向）、决策能力（独立进行决断，找到最适合企业发展的正确选择）、培训能力（定期为员工进行培训，提升员工的工作质量与工作积极性，促进企业更好更快的发展）、统驭能力（能够统领和驾驭手下的职员）。只有熟练掌握以上能力，才能够算作真正的创业者，否则会使企业发展陷入困境。

三、学习创新方法

创新能力是创业教育不可忽视的重要素质，在一定程度上，创新与创业是不可分割的整体。笔者认为，创新能力好比创业的"催化剂"，能够大大提升创业效率，解决创业过程遇中到的困难。那么，提升创新能力应当使用怎样的方法呢？

（一）头脑风暴法

头脑风暴法也称智力激励型技法，多在会议召开过程中进行。该方法在 20 世纪 30 年代末由美国人奥斯本首创，于 1953 年正式发表。这种方法是一种激发性的思维方式，能够让与会者敞开思维，使各种设想在相互碰撞中激起大脑中蕴藏的创造性"风暴",进行没有限定、没有任何拘束的联想、思索、探讨,从而激发人们内心的创造思维。

头脑风暴法能够促进与会者进行任意思索与遐想,并产生更多新颖、有创造力的想法。

(二)设问检查型技法

设问检查型技法也称设问法,指根据已经存在的各种事物或者准备研究与开发的事物而提出不同问题,并在提问的过程中思索和探寻尚未解决的问题,以及问题的解决办法。该方法具有较强的针对性,能够有效启发想象、开拓思维。设问法一般包括奥斯本检核表法、和田十二法、5W1H法。

1. 奥斯本检核表法

奥斯本检核表法引导主体在创造过程中对照九个方面的不同问题进行深入思考,从而促进个体获得开拓思维、激发想象的效果。

2. 和田十二法

和田十二法由我国创造学研究学者许立言等发明,包含如下12个动词:加一加、减一减、扩一扩、变一变、改一改、缩一缩、联一联、学一学、代一代、搬一搬、反一反、定一定。

3.5W1H法

5W1H法也叫六何分析法,包含"Why""What""Where""When""Who""How"六个方面。"5W1H法强调从上述不同角度思考问题,往往能够得出比较完善,甚至意想不到的结果,从而实现思考内容的深化和科学化。此法广泛应用于改进工作、改善管理、技术开发、价值分析等方面。"[1]

(三)列举型技法

列举型技法包含分析列举法、特性列举法、缺点列举法等不同方式。

---

[1] 侯丽萍,张慧全,赵兰杰.大学生创业与创新指导[M].北京:中国传媒大学出版社,2011:288.

1. 分析列举法

分析列举法指针对某一具体事物的特定对象从逻辑上进行分析，并将其本质内容全面罗列的技能手段。该方法能够启发创造力与想象力，促进主体找到发明创造主题的创新技法。

2. 特性列举法

特性列举法指通过对需要革新改进的对象做出适当观察，尽量列举此种事物不同特点以及属性，最后确定加以改善的方向与改善实施路径的思维方式。

3. 缺点列举法

缺点列举法指抓住事物的不足与劣势进行全面分析和思考，在分析与思考中把事物的不足一一列举，然后根据列举出来的表格对事物的不足之处一一进行弥补与发展。

（四）逆向转换型技法

逆向转换型技法是把复杂问题简单化的技法，有利于提高思考问题效率与办公效率。一般而言，该方法包含逆向反转法、还原分析法、缺点逆用法。

1. 逆向反转法

逆向反转法是一种利用逆向思维进行思考的思维方式，常常通过对同一事物的相反方面或完全相反对立的事物进行思考，寻求最佳解决问题方法的创新技法。

2. 还原分析法

还原分析法主张把问题还原到事物或问题最初的本质，从源头出发，寻找新的创新方法。

3. 缺点逆用法

缺点逆用法指利用事物的缺点进行创新，主张全面、客观地看待事物的缺点。

第二节　打破传统家庭观念的束缚

在我国古代，社会关系的纽带从来都是以血缘关系为主的封建宗法制度。对于每一个国人来说，家庭与家人都具有无可取代的重要地位，尤其是家族中长辈的话语更是具有很大的权威性，他们常常能够左右年轻人的想法与行为。

现代社会观念虽然已经较古代社会的封建观念有所进步，但是很多家长仍然喜欢为孩子做决定，这种家庭的束缚时常禁锢孩子，让他们无法真正按照自己的想法生活。很多家长认为创业风险过大，不符合对孩子"安分守己过日子"的希望，便否定创业教育，忽视其对大学生人生发展的重要意义。所以，高校创业教育进行改革与发展必须从转变家庭束缚入手。一方面，要为家长灌输人的个体自由发展的观念，让他们避免过多干涉孩子选择与发展的自由；另一方面，要为家长灌输全新创业观念，让他们全面认识创业，而不是因为保守思想而抵制创业。

一、灌输自由发展观念

自由具有多种含义，在政治学与社会学上，自由指每个人都是一个独立的个体，个体可以进行自我支配，凭借自身意志指导肢体而行动，并在符合法律与道德要求的前提下对自身的行为负责。一般的生活中，自由指每个人具有选择自己生活方式的权利。虽然我国自古就有"父母之命不可违"的说法，但是当代社会更加主张人的个性的发展，可见自由已经成为时代的主题。这就需要对家庭中传统的约束观念进行适当转变，让家长认可孩子的自由权利，而不是无理干涉他们所做的任何决定。

第一，孩子应当时常与家长谈心，在平等的关系上互相表达自己内心真实的想法。孩子应当勇敢说出自己对自由的看法，而家长也应当学会换位思考，理解孩子的心理需求，给他们决定自我未来发展的机会。

第二，学生所在高校的教学管理部门应当以创业教育学科发展为目标，以学生自由发展为原则，制定相关的宣传册，并将宣传册交给学生，让学生交给家长阅读。家长在对宣传册进行阅读的过程中能够了解适当减少对孩子约束的益处，也能了解对孩子任何事都亲力亲为的不良影响。另外，学校对于家长来讲，往往具有一种权威性，家长更愿意相信学校。这样便能够最大限度地促进家长转变传统观念，甚至乐于对孩子适当"放手"，让他们自己决定是否走创业之路。

二、灌输全新创业观念

为了改变家庭传统观念对学生的束缚，为了发挥创业教育最大化作用，为了形成高校创业的良好氛围，对大学生的家长灌输全新的创新观念，让他们从内心真正认可创新，认可创业教育，认清创业教育对个人全面发展的重要意义是十分必要的。

第一，社会相关部门可以共同开展创业观念宣传活动。例如，开展"创业教育进我家"活动，社会宣传部门、文化部门、教育部门共同参与该活动的筹划与执行。相关人员提前准备好关于创业的宣传册，包括创业的相关概念、创业的意义，以及国家对创业的各项鼓励机制和保障政策。在活动中，相关人员为学生家长深入讲解创业的优势，让他们在内心逐渐转变对创业的固有看法，形成全新的创业观念。

第二，社会舆论进行创业的良性导向。例如，播放创业相关的电视节目，印刷创业相关的书籍与资料，开办针对广大群众普及性的创业知识讲座与创业知识论坛，开展与大学英语角相似的"创业角"，并在"创业角"中为学生家长讲解各种创业知识，宣传创业文化，打造新型创业观念。

第三，学生进行耐心讲解。在校大学生应当对自己的家人保持耐心，不应在遭到家人对自己创业想法与创业学习否定之时就"以怨报怨"，应当对家长耐心讲解创业相关知识。首先，与家长共同坐下来，把心态放平和，对家长进行创业知识的讲解；其次，在讲解过程中注意言辞，不要出现"必须""不行"等具有命令性的词语，这样只会再次引起家长对创业的反感态度；最后，讲解要以创业的优势为主，以国家与社会的扶持和保障为辅，让家长清楚创业并不是一种高风险的冒险，而是在深思熟虑之下做出的理性决定。

第四，家长自身也应当为了拉近与孩子的关系，为了了解孩子的内心，而适当敞开心扉、做出改变，主动了解创业。首先，家长要紧跟时代潮流，在工作之余，利用网络多了解与创业相关的时事与资讯；其次，家长可登录相关网站搜寻和查询国家对创业的各项政策，帮助孩子判断如何创业才能具有更多保障；最后，家长也可利用自己的关系与人脉，帮助孩子打听创业的商机，或者请身边创业成功的朋友对自己的孩子进行适当指导，给予适当帮助。

综上，只有在各方共同努力之下，才能够使家庭传统观念转变，也只有这样，才能让创业教育获得应有的尊重与认可。

第三节　大力开展创业教育相关活动

创业教育相关活动指为了使高校创业教育更好、更广泛的开展而制定的一系列措施，这些措施应当从高校、社会、政府多方面入手，形成社会合力，促进创业教育发展，推动创业活动蓬勃开展。

一、鼓励开展创业竞赛

我国在以往的高校教育中曾开办不同规模的创业竞赛，最具代表性的就是"挑战杯"创业竞赛，这些竞赛对我国高校创业教育的发展起到了一定的助推作用。但是由于我国创业教育起步较晚，创业竞赛的普及性不高，仍然存在较多的不完善因素，社会各界应当对高校创业竞赛提起重视，并给予大力支持。

首先，完善高校创业竞赛主办方管理体系。对于竞赛来讲，主办方的主导作用与支持力度关乎竞赛影响力的大小，所以，主办方的有力支持与帮助是不可或缺的。主办方必须在创业竞赛中清楚地认识自身在竞赛中所扮演的重要角色，为大学生提供优质的竞赛平台，从而开拓更加系统化、科学化、规范化的管理体系，助力创业竞赛。

其次，帮助大学生树立正确的竞赛观念，放弃功利思想，去除不良的竞技心态，真正为学习、成长、创业、实践而参加比赛。这种认真负责的态度能够让学生在竞赛之中获得更多益处。

再次，鼓励大学生多进行科学调研与创业探索。大学生申请参加创业竞赛，必须要提前做好功课，广泛查询相关资料。查询资料时，大学生既可以在学术网站查询电子资料，又可以在学校图书馆查找图书资料。"有些时候，可能还需要通过问卷调查、访问或者做实验等途径来获取需要考证的信息，这样的过程有利于培养大学生自学能力和动手操作能力，还能激发他们的创新意识和探索精神。参加大学生创业竞赛，一定要具备不断充实自己和完善自己的决心，不断地克服问题、总结问题，善于思考和归纳，不断提高参赛作品的档次和水平，挑战自我、超越极限，只有不懈探索的精神，才能做出优秀的作品。"[①]

---

① 石巧君,雷虹,吴丹.促进大学生创业竞赛良性发展管窥[J].创新与创业教育,2013(4):101.

二、鼓励开办创业活动

多种多样的创业活动有利于高校创业教育进一步开展。一方面，各种创业活动能够增强校园内的学术科研风气与创业实践风气，学生更容易对创业课程产生浓厚兴趣；另一方面，各种创业活动必然包含较多的创业内容与创业相关的前沿动态，能够促使学生群体更多地了解创业知识。

但是，我国高校创业活动却表现出如下情况：首先，我国大学校园内虽然有各种各样的活动，但是创业方面的活动并不充足；其次，即使有部分创业活动，由于部分学校领导重视程度不足，活动的开展力度与研究深度也往往不够深入；再次，校园之外虽然偶有大型创业活动，但是一般不对学生开放，往往只针对专业领域的高级人才和研究人员等。所以，鼓励开办创业活动对改变创业教育的现状，打破创业教育的固有模式具有一定意义。

第一，政府与有关部门应当下发鼓励院校举办创业活动的相应政策，促进高校关于创业的学术论坛、学术讲座、学术会议的开展，改变以前只有相关领域研究人员才能进入相关场所的情况。大学生通过参加越来越多的创业教育活动，有利于他们把握最新的创业动态，辅助他们找准创业目标。

第二，高校领导应当在政府的鼓励与号召下，尽可能多地在校园内举办创业活动与创业宣传。例如，领导经过共同商议，协同举办创业讲座，为学生介绍创业的热门产业与冷门产业，或者鼓励学生自己举办相关活动，表达自己的想法，讨论热点问题。这样不仅有利于营造浓厚的创业氛围，还能够在一定程度培养学生的创新思维。

第三，高校教师应当鼓励学生积极主动地加入创业活动中。常言道："名师出高徒。"这绝不是一句空话，好的教师犹如黑暗中的指路明灯。例如，教师为学生布置一些任务，让他们自己查阅创业领域的热点问题与前沿问题，或者帮助学生组织科研小组、辩论赛等活动。

三、鼓励打造创客空间

创客空间也称 hacker spaces 或者 fab labs，于 2005 年开始在世界范围内的高校不断涌现。"创客空间建设是推动教育改革、培养科技创新人才的重要平台。"[①] 可见，创客空间对高校创业教育与改革具有不可忽视的作用。

---

① 杨绪辉,沈书生.创客空间的内涵特征、教育价值与构建路径[J].教育研究,2016(3):28.

（一）创客空间简介

"创客"最早是美国麻省理工学院的一个重要实验课题，该课题的核心理念与指导思想便是创新。这些注重个人设计的独创性、注重思维创新性的人群即"创客"。创客具有如下特性：创意性、设计性、实施性，他们能够发现问题，提出创意和设计，并具有行动力。

简单来讲，"创客"就是不以盈利为目标，把创意转变为现实的人，其本意指敢于突破、敢于创新，并致力通过自己努力把独特创意变为现实的人。可见，"创客"精神运用到我国高校创业教育与创业活动发展中，能够为创业教育赋予新的内涵。

"创客空间"从 2011 年由美国传入中国，指的是社区化运营的工作空间、工作室，这种工作室能够为人们提供研究与创新所需要的工具、书籍、材料等，以便人们自己动手施展创意。在创客空间内，创客具有相同的兴趣爱好、浓厚的创新精神与较强的创新能力，他们热衷创作，而其心中的理想作品促使他们展开合作，共同完成手中的项目，从而达到预定的目标。

2015 年，创客空间在我国呈现突飞猛进的势头，之后随着我国对创客教育的重视，各项扶持政策相继出台，包括《普通本科学校创业教育教学基本要求（试行）》《关于深化高等学校创新创业教育改革的实施意见》等。但是，我国创客空间也存在一定的劣势与弊端。例如，很多大学教师进行创客教育时，难以摆脱旧观念的束缚。同时，部分教师没有关于创新与创业的相关经验，使创客空间的开展受到阻力。

总体来看，中美创客教育目标相同，都以培养学生创新精神为目标。然而，中美创客教育在参与程度、实施方式、政府的支持力度上存在显著差异。我们有必要在未来的创客教育中大胆、合理地吸取美国创客教育的经验，以促进我国创客教育的发展。

（二）创客空间的发展

1. 加大创客空间的宣传力度

宣传具有激励、劝服等多种功能，其中最基本的功能是劝服，也就是使受到宣传的他人能够充分相信自己所表达的观点。加大创客空间的宣传力度，能够让更多的人认识到开展创客空间的重要意义与必要性，减少创客教育的阻力，从而使创业教育取得更好发展。第一，确立创客空间的相关概念与重要意义，并将其作为宣传内容；第二，相关部门引导确立宣传组织或机构，宣传组织应当充分认识并且热爱创客内容；第三，运用适当的方式对社会中的群众和学校中的学生进行宣传，如报纸、电视、采访问答等；第四，如果在宣传过程中遇到阻力，可以寻找相关部门的帮助，以确保宣传工作顺利进行，让创客空间走进更多国人的视野。

2. 增强创客教育的师资力量

"创客活动虽然是创客的自主探究、自主发现和自主创造的活动，但也需要有比较了解、掌握创客教育本质并有开展创客活动实践经验的先行者作为教师，以便对新参与的创客进行启发、引导与帮助，如此才能有更高的效率和更好的效果。"[1] 所以，优化创客教育的师资力量也需要我们提起重视。一方面，可以开展创客导师专业培育工程，培育具有创新精神、创新能力、教育水平的优秀教师作为创客教育的"主力军"；另一方面，可以邀请众多创客知名学者与专家到高校为教授创业教育的教师进行专业讲授，让他们学习创客教育相关内容，深化自身对该领域的认知程度。

3. 打造全面体系化创客课程

我国创客教育课程安排并不完善：一方面，其开展学校不够全面，覆盖面比较窄，很多高校没有创客课程；另一方面，其理论教学较多，缺乏实践教学。

在打造创客教育过程中，我们应做好以下方面：第一，创客教育应当尽快进入部分重点院校之外的其他院校，创新并不是重点院校的专利，所有高校的学生都应当具有接受创业教育的权利；第二，开展课外实践，如举办"创新实践挑战营""科技创新实训营"等，这些都有利于提高学生的创新创业能力。综上，随着信息技术的发展、知识社会的来临，我国创客空间的发展还有很长的路要走，我们对此不应存有畏惧与畏难情绪，应当坚定创新信念，做好改革工作。

第四节　倾力开发全新创业教育方式

无论是教学还是创业，都需要运用正确的手段与方法。创业教育作为创

---

① 何克抗. 论创客教育与创新教育 [J]. 教育研究,2016(4):66.

业与教学的"集合体"，更需要政府、高校、教师共同开发其最适用的方式方法。为了让学生进行更多的企业实践，为了开发学生内在创新意识，也为了提升学生的思维能力，提升高校创业教育的总体水平与实力，我们应当运用多样性的教育方式，如产教融合、启发教学、合作探究、信息化教学等。

一、产教融合

产教融合是政策性与学术型合一的一个词语，既是我国的一项新政策，又是教育事业的重要教学方式，其对当代创业教育的发展大有裨益。

（一）产教融合简介

产教融合并不是我国的"专利"，其在西方发达国家有较大发展，如德国的"双元制"模式、英国的"三明治"模式、美国的"CBE"模式等。以上诸国都对企业与学校的融合与协作提出比较明确的战略构想，并在构想的基础上加以实践。

关于产教融合的概念，有学者认为："产教融合就是将生产与教育合理地结合。"也有学者认为："产教融合就是职业教育与产业深度合作"。笔者认为应从词汇的根源为产教融合的内涵寻找依据。"产"指产业，"教"指教育，"融合"指不同事物融为一体，形成新的事物，新事物既具有其构成物的各项特性，又具有自身新的特征，所以"产教融合"既要具有"产"的特征、"教"的特征，又要具有其自身的特征，同时把"产"作为重点。

我国产教融合由于融合的不同程度与不同范围，也可被分为完全融合、部分融合与虚假融合三种。完全融合指产业与教育完全融合为一个整体，这种机制与之前的教育机制有所不同，它突破了把教学限制在学校这一传统观念与原则，给了学生更多接触企业、接触实践的机会，使学生能够真正通过产教融合为自己未来的创业之路找到值得借鉴的地方；部分融合指产业和教育之间的一部分区域内有融合，其他部分则仍然保留原来的情况；虚假融合指产业与教学之间偶尔会有一些协同合作，或者一些其他的交集，但是并没有形成有机共融，只是机械化配合。

总体来看，虽然我国产教融合已经初具规模，形成了一定的体系，但是在一些具体层面还不完善，有很多需要加强的地方。例如，经费方面、高校学科建设方面、师资方面、硬件设施方面。这都需要政府加大产教融合宏观调控力度，促进产教融合的进一步完善与发展。

（二）加大产教融合宏观调控力度

社会中的企业与团体如果缺乏政府的总体把握与宏观调控，就会失去继续发展的动力。高校产教融合如果缺乏政府的宏观调控，只会成为海市蜃楼，无法取得真正成效。所以，在产教融合的发展上，政府应当从以下几方面入手。

1. 设定奖励机制

政府要为产教融合设定奖励机制，若企业与高校进行融合，便能够获得一定奖励。奖励可以设置为资金支持、企业项目支持、企业创新支持、高校学科建设支持等。假如产教融合做得好，企业还能够获得更大的表彰。

2. 转变社会风气

政府要努力转变社会风气，促进产业与教育行业观念转变，促进两者有效融合。例如，建立网络平台与宣传机构，共同为产教融合做宣传，让人们改变传统观念，真正意识到产教融合在社会主义现代化建设中的重要作用，意识到产教融合对企业与社会未来的发展有不可忽视的作用。

3. 做好监督调控

政府要做好对产教融合的监督与调控工作，这是因为在产教融合的大力推行之下，难免有些企业浑水摸鱼，部分人员或许会利用自身职务的便利，对大学生进行"压榨"，这种行径无疑是改革事业的"绊脚石"。所以，应当成立监督与检查机构，定期、定点对产教融合中的不同企业进行抽查，避免规章制度之外的任何不利于产教融合的事件发生。

二、启发教学

教师必须掌握启发式教学方式，注重提升学生举一反三的能力。这是因为"一言堂"与"满堂灌"已经不再符合当代教育的发展方向，更不利于创业教育的开展。现代教育教学的关键在于怎样启发学生思考问题。

（一）启发教学简介

启发教学具有主动性、客观性、互动性的特点。主动性要求受教育主体能够积极主动地参与学习、进行研究，在恒心与毅力的支撑下，奋发向上，获取知识；客观性要求教师教学从学生知识水平的实际出发；互动性要求师生良性互动，互相了解彼此的具体情况，以便教师针对学生做出相应的教学调整。

　　事实上，在 2 000 多年前的古代中国已经出现举一反三的说法。孔子曾说："不愤不启，不悱不发，举一隅不以三隅反，则不复也。"朱熹对此解释道："愤者，心求通而未得之意；悱者，口欲言而未能之貌。启，谓开其意；发，谓达其辞。"其释义为，（什么叫愤呢？）愤，就是（对于一个问题）想要尽快解决却有不能把它弄明白的心理状态。（什么叫悱呢？）悱，就是（一个问题已经思考之后，却没有考虑清楚成熟）想表达却又（表达的不全面或者）不能说出口的心理状态。可见，在教育学生时，应当在学生冥思苦想之后，对其进行适当点拨，让学生凭借自己的思索能力将问题答案思考出来，而不是直接把答案告诉学生。此外，古希腊时期也有与中国启发教学相似的思想，苏格拉底要求教师先对对方的发言不断提问，让对方反思自身，产生解决内在心理矛盾的想法，然后帮助对方思考并寻找答案，最后归纳总结事物普遍的共性与本质，得到一种正确的普遍定义。可以看出，无论中国还是西方，在教学中都注重启发二字，以此培养学生思维的活跃性。

　　进入近代社会，捷克的夸美纽斯（Comenius）、瑞士的裴斯泰洛齐（Pestalozzi）、德国的赫尔巴特（Herbart）均提倡启发教学法，他们认为"灌输式"是一种强迫，相当于强行把他人的思想加到自身的思想中，只是泛泛地增加概念，不能自己创造新的观念。在我国近现代的发展历程中，启发教学逐渐被忽视，应试教育成为主导。在新时代的教育改革进程中，我们应当对启发教育重新提起重视，提升学生的创新性与创造性，从而促进创业教育的发展。

（二）启发教学在创业教育中的运用

1.启发学生思维

　　思维是人类独有的认识高级阶段，能够对各种感性客观经验加以分析与综合，从而形成真正的知识体系。"思维活动是贯穿教学过程的主线，更是学生学习过程的灵魂。因此，启发学生的思维是培养学生各种能力的有效方法。成功的教学实践也表明，学生知识的获得、能力的发展和思想品德的形成都以其自身的积极思维为核心。因此，应把思维能力的培养作为高校启发教学的核心内容来抓。"①

第一，在创业教育中，老师应当关注学生思维中的问题性，即学生对哪些内容有疑惑，针对他们的疑惑进行启发。

第二，在创业教育中，老师与学校领导应当培养学生的思维品质，即培养学生思维的广阔性、深刻性、反思性、批判性，从而让学生的思维更灵活、多元，避免片面化与机械化。

第三，在创业教育中，课堂应当具有更多的启发色彩，教学用语、教学模型、教学教案等都要避免守旧，要具有创新性。

2. 树立问题意识

问题意识能够让学生在进行学习时更具针对性，假如没有问题意识，很难将学生内在的积极性调动起来，更无法提高效率。"在教学设计中要有问题意识，通过启发式教学让学生在乐学、善学中掌握知识。"② 这样才能提升学生对知识的吸收程度。例如，教学中所指的"留白"即留有余地，目的在于让学生通过想象填补空白。

3. 提升老师自身的启发能力

启发教学具有一定的难度，那些经过专业训练的教师总是能够更好地在课堂上实现启发教学。这是因为启发教学对教师有较高的能力要求，如讲课的灵活能力、对学生思维状况的考察能力、对教学情况的应变能力、对教案大纲的熟悉能力等。

第一，创业教育老师必须打破传统观念的束缚，对启发教学保持信心，不能有畏惧心理，也不能因循守旧。

第二，创业教育老师应当加强自身的学科素养，在扎实知识理论的基础上，逐渐提升启发教学的能力。

第三，创业教育老师还需要积极参与启发教学改革实践。正所谓："实践出真知。"经验与感悟需要经过实践才能产生。

---

① 李春超.对高师院校实施启发式教学的思考[J].长春师范大学学报,2020(1):186.
② 同上。

三、合作探究

（一）合作探究简介

"合作探究"教学方式指把知识放到一定的情景中，让学生通过交流信息、讨论信息等活动主动探索、发现、体验和解决问题。开展合作探究教学模式，能够有效提高学生独立思考的能力，激发他们内在的创新意识，培养他们的科学探究精神与创新思维能力，有利于高校创业教育的开展。

在合作探究过程中，一定要做到"六个重视"：重视学生的学习态度和情感；重视学习的过程和体验；重视发现和提出问题；重视方法和技能；重视交流与合作；重视动手实践和解决问题。同时，要避免"放任自流"的问题。探究式的课堂不是"放养式"，组内成员能够进行相对比较自由的学术交流，但并不意味着毫无课堂规则与纪律。

（二）合作探究在创业教育中的运用

1. 转变固有的教学目标

院校领导应当转变以前固有的传统教学目标，不要一味追赶教学进度与考试分数，要给教师与学生更充足的时间进行合作探究，重视老师与学生的课程体验。例如，对于每周有 3 个创业教育课时的学生，学校可以要求他们单独拿出 1 课时用于小组合作探究，让他们通过独立自主的交流讨论学习创业知识。

2. 制定清晰的操作步骤

教师在组织合作探究时要制定清晰明了的操作步骤，让合作探究教学得以有条不紊的进行。第一，展示探究目标，将学生分成若干小组；第二，不同小组提出观点，相同或相似观点的小组分到一起，组建合作小组，小组规模一般是 3～5 人，不可过多或过少；第三，为每个合作小组选取一个"组长"，"组长"协调组内成员关系并进行分工；第四，学生对探究的问题进行研究；第五，对不同合作小组得出的结果与结论进行评价，对学生进行指点鼓励，以利于下一次的小组合作探究。

3. 培养合作探究的能力

导师要注重培养学生合作探究的相关能力，包括动手实践能力、沟通与合作交往能力、独立解决问题的能力以及一定的管理能力。

综上，教师在合作探究的教学活动中起到决定作用，院校起到一定的辅助作用。虽然加入合作探究课程会使学生减少一些课程的理论学时，但是会使学生对创业知识的学习更加深入。学生能够在探究中对创业问题进行深入思索，与以往的被动式接受形成巨大反差，这对培养他们的思维能力、创新能力更具实效。

四、信息化教学

在知识经济与数字经济成为社会发展中坚力量的新时代，信息化教学是我国进行创业教育的途径之一。由于客观原因，学生无法进行某些创业实践，而信息教学法能够使学生通过高科技模拟创业过程获得与亲身实践相似的创业感受与经历，所以必须要把信息化教学纳入高校创业教育。

（一）信息化教育简介

信息化教育指在教学中应用信息技术手段，使教学的所有环节数字化，从而提高教学质量与教学效率的方法。该方法能够让受教育者获得与真切实践十分相似的体验感。

（二）信息化教学在创业教育中的运用

信息化应当做出如下转型，才能保持更高的活力，才能让创业教育取得更好的效果。

1. 建立信息化创业课程氛围

构建信息教学的良好氛围需要做到以下几点：鼓励高校教师多接触、多学习信息技术，努力提升自己的计算机水平；鼓励学生在学校期间与教师多交流，在信息领域互帮互助、共同提升；鼓励信息技术相关专业的师生成立信息化教学团队，一方面研究和提升自身的专业水平、信息化水平，另一方面可以帮助其他教师更好地提升自身对这一新型教学模式的利用能力。

2. 推进"三通两平台"工程，提升创业网课硬件设施

"三通两平台"是"'十二五'期间我国教育信息化建设的标志性工程。'三通'分别为宽带网络校校通、优质资源班班通、网络学习空间人人通；'两平台'为教育资源公共服务平台和教育管理公共服务平台。"①该项工程能够提高高校创业教育相关信息的传达效率，加快各项设施提升。第一，提升"三通两平台"在全国的均衡性，让偏远地区、贫困地区也能逐渐实现信息化；第二，"充分发挥管理平台和资源平台作用。积极利用云计算、大数据等技术，创新教学决策、教学评价、资源建设，推动教育信息化均衡、公平发展"②；第三，积极推进发达地区"三通两平台"的扩展。

3. 大力发展网络晒课，提升创业网课课程质量

大力发展"名师优课"，鼓励教师"网络晒课"。教师应当把创业教育课程通过网络形式上传到资源共享平台，促进教师在全国范围开展优质课程资源创新活动，从而强化优质课程的共享，提升创业教育课程质量。

第五节　提升创业教育相关师资力量

一、促进创业教师教育反思

反思属于西方哲学范畴，指自我内在的追寻、提升、超越。但在我们日常生活中，反思通常表示通过思考自我与反省自身缺点，从而提升自身各项能力的思维与实践活动。

教育反思指教师对教育教学实践的再认识与再思考，并以此来总结经验教训，进一步提高教育教学水平的活动，对教育工作者有重大意义。这种反思的教育教学思想在 20 世纪曾被学者提出，但是由于历史条件与社会条件，并未得到大力提倡。到了 21 世纪，随着逐渐被提出的对教师的专业要求，以及人们对教育事业的重视程度的提高，教育反思再次进入人们的视野。那么，我们应当怎样做呢？

---

① 胡小勇，朱龙，冯智慧等.信息化教学模式与方法创新：趋势与方向 [J].电化教育研究,2016(6):13.

② 同上。

首先，教师要反思之前的教学思维习惯与行为习惯。教师应当由传统的知识传授者转变为学生学习的倡议者与引导者，而不是传统"为师为尊"的守护者。真正做到师生共同思考创业问题、共同学习创业知识。

其次，教师要反思课堂教学实践。对自己的课堂进行反思的最好方式就是教学记录，包括行动过程研究、教学日记、调查与问卷、协作性日记。行动过程专门研究课堂教学安排的计划过程；教学日记更倾向课程的写实性；调查与问卷能够搜集学生对课程的看法，更具客观性；协作性日记中的日记条目可以帮助教师了解并反思教学过程中经常出现的问题，从而更好地解决。

再次，教师要反思自我的知识与水平。《论语》有云："吾日三省吾身：为人谋而不忠乎？与朋友交而不信乎？传不习乎？"[①] 所以，高校教师也应当时常反省自身的各项能力是否符合教师的专业标准。例如，每天反思自己在创业相关的知识层面是否有所欠缺，自己在传授创业教育知识时是否有所遗漏等。

二、鼓励创业教师在职培训

在职培训是对已经在各自工作岗位从事劳动的各类人员进行的在职教育活动。由于各行各业的职员均可参与，所以在职培训的规模十分庞大。创业教育教师作为其中的组成部分，也应当注重提升自身的各项能力，努力通过在职培训提升自己对创业相关知识的掌握能力与教学能力。

但是，我国的教师在职培训存在一些阻力。一方面，教师在职培训的经费比较紧缺；另一方面，教师在职培训的相关政策与制度并不完善。虽然有些大学已经将教师在职培训提上日程，但是更多的大学对此并不提倡，其认为教师只需要在校内做好本分工作即可，并不需要做额外的培训与提升，这在一定程度使创业教师的专业水平提升与发展受到阻碍。所以，为了解决上述问题，我们应当加大对创业教师在职培训的资金投入，并完善相应的法律法规。

第一，应当多渠道筹措教师在职培训经费，解决资金短缺的问题。例如，大力倡导企业为教师在职培训出资，鼓励培训机构适当开展培训优惠活动。

第二，应当制定更加系统、完整的政策，使教师在职培训更有保障。例

---

① 朱熹.四书章句集注[M].北京：中华书局,2003:103.

如，开展在职培训的"引进来"制度与"走出去"制度，既可以引进教育资源，邀请相关领域的专家、企业家走进校园，让教师从中学到更加全面的创业知识，又可以让教师进入其他校园、企业、机构，与其他人员进行广泛交流与探讨，进行共同的培训与学习，争取能够互相取长补短，共同进步。

三、激发创业教师创新意识

创新具有多重定义，在此我们将创新定义为满足社会需求而改进或创造新的事物、方法、元素、路径、环境，并能获得一定有益效果的行为。

创新意识指促进这种行为的内在动机与驱动力，所以创新意识是创新行为与创新能力的源泉。创新与创业具有密不可分的关系，所以创业教师要注重自身创新意识的培养。

首先，教师要积极开展学科研究。只有在教学工作的同时，积极广泛开展学科相关领域的各种研究，置身学科发展的前沿，把握时代发展的要素，才能了解知识与学科的时事动态，从而不断提升自身的创新意识与创新能力。"从某种意义上讲，科研是源、教学是流，有了'源'，才能有不息的'流'。否则，教学只能是无源之水、无本之木。"[1] 因此，教学注重实行教学与科研的结合是丰富创新意识的重要途径。

其次，教师要努力完善知识结构。教师的创新意识与自身知识储备、技能水平、品德涵养等诸多因素是分不开的，教师的知识结构与综合素质在一定程度上决定其自身创新意识强弱与否，所以完善他们的知识结构变得尤为重要。但是，很多高校教师存在这方面的不足，如大部分理工教师不懂文史，大部分文史教师不懂理工。我们并不是说让所有的教师都成为"通才"，对所有专业的知识都烂熟于胸，而是要求教师具备的知识应当涉及更多领域，这样才能为科研与教学提供更多的指导与借鉴。所以，高校教师必须保持对新事物的兴趣与热爱，必须保持思维的活跃，必须重视自身知识面的拓宽与知识结构的完善，从而强化自身的创新意识。

最后，基于交叉学科对不同学科与创业教育课程的关系进行探究。交叉学科的发展趋势最早源自美国，现在对我国也产生了一定的影响。在交叉学科的影响下，教师能够从不同学科的比较之中获得关于学科教学与发展的新的启示，具有一定的创新性。清华大学、上海交通大学、武汉大学等重点高

---

[1]　周红，罗标.论高校教师创新意识与创新能力的培养与提高[J].武汉科技大学学报，2001(2):74.

校已经开始在交叉学科领域开展研究。由于创业教育不同于传统教育，创业教师应当在交叉学科的视域下研究其他学科与创业课程之间的隐含联系，一方面以此促进创业课程的更好发展，另一方面也能加深自己对创业教育教学的理解与认知，开拓自己的思维，丰富创新意识。

四、完善创业教师评价制度

我国高校教师队伍缺乏工作考核与评价机制，这就使部分教师素质偏低，其学术水平、学术能力、学术成果往往被忽视。在新时期，高校应当把完善教师考核评价制度作为重点，实行严格的考核机制，从而提升创业教师的整体质量。

（一）考核评价主体多样化

考核评价主体指在考核评价制度中进行评价的群体。为了考核评价的客观性、公正性、全面性，主体应当多元化、多样化，不仅应包含创业教师的自我评价，还需要学生群体、其他教师的全面评价。

首先，创业教师要自我评价。自我评价既可以提升他们对考核评价制度的认同感，又可以使他们在自评的过程中总结个人取得的成绩、发现工作中存在的问题，从中总结经验及教训，以达到自省和进步的效果。此外，创业教师自我评价还有利于自身对工作岗位职责的认识和理解，具有规范和约束的作用。

其次，学生要对创业教师进行评价。学生在教师的引导与教育下学习和发展，教师一般会根据学生的个人情况，对其提供创业理论与实践方面的帮助。所以，教师与学生之间关系紧密，他们所做出的评价更具真实性与客观性。

再次，教师群体之间要互相进行评价。同行之间对考核的内容与流程比较熟悉，在科研成果水平高低、教学水平高低上能够有一定的鉴别能力，因此他们的相互评价更具专业性、说服力，有利于创业教师考核评价制度的完善。

（二）考核评价流程体系化

创业教师考核评价流程要做到体系化，主要涉及考核评估系统、考核监督团队、考核申诉体制三方面。

1.考核评估系统

按照旧有的考核评估方式，相关部门的工作者要承担很大工作量，很难实现高效的考核评估。为了使考核评价流程更体系化，应当对旧有系统做出改革，具体到信息时代，就是让考核评价工作实现信息化。例如，建立以信息技术为依托的考核评价系统；借助软件系统的灵活性与精确性实现考核评价信息的快速收集；利用互联网简化人工收集过程，节约大量人力与物力。

2.考核监督团队

考核监督团队能够对创业教师考核评价制度起到良好的监督作用，从而促进评价制度的良性开展。

首先，监督团队成员要认真履行岗位职责，对考核评价工作保质保量进行监督与管控。监督与管控过程不允许掺杂任何感情色彩，要做到绝对公平与公正。

其次，团队内还要按照分工形成考核小组，考核评价小组成员应当挑选监督团队内素养高、能力强的人员。这些人员的选择要提前经过审查，不可与被考核人员有任何关系，如亲属关系、朋友关系等。

再次，考核之前要让考核监督人员在相关材料上签字确认，明确自己的权利与义务等。假如考核监督团队内出现违反纪律、虚假考核的情况，必须依据相应的考核规范制度予以惩戒。

3.考核申诉体制

创业教师考核评价还需要完善的申诉体制。在法律上，申诉指公民依照宪法、法律、组织章程应当享有的权利受到侵害时，按照一定程序向有关部门提出申诉，进行维权。

创业教师考核评价申诉就是当教师对他人给自己的考核评价有所质疑时所能做的维权过程。

按照我国人民惯有的思维方式，大多不善于也不习惯积极维权，对于偶尔受到的不公正评价与待遇往往习惯保持缄默。所以，还需要鼓励教育者真正认识并参与申诉体制，并且让申诉过程变得更加简单易行，从而使不正当评价真正得到解决，使考核评价工作顺利开展。

第六节　创业教育与双师型教师融合

双师型教师是当代教育改革与发展的重点内容，这是由双师型教师的特性所决定的。双师型教师应当具备基本的教育和职业工作素质，精通特定专业工艺原理并具备专业实践能力，能够胜任教育和培训的双重任务，促进学生的知识水平与实践能力的全面发展。

一、双师型教师的相关概念

双师型教师是为了应对中国之前重理论、轻实践的教学理念而形成的时代产物，其要求职业院校教师既能从事理论教学，又能从事实践教学。进入21世纪，双师型教育不再是高职学生的专利，对于本科生、研究生也有一定意义。同时，双师型教育对创业教育的开展也大有裨益，能够使创业教育的实践性真正得以贯彻。

（一）双师型教师的内涵

双师型教师是双师型教育得以开展的重要保障，是双师型教育的"主力军"。那么，怎样定义双师型教师呢？

教师指一种社会角色，广义的教师指具有一定经验，并且能够传授经验与知识的人；狭义的教师指曾受专业的教师训练，并在特定教育机构担任教学工作的人。学界对双师型教师有许多看法，可谓"仁者见仁，智者见智"。

第一种，双师型教师要具备"双资格"。"双资格"也有两重含义：第一重含义表示教师应当具有"双证书"，第二重含义表示教师应当具有"双职称"。对双师型教师的这种定义方式着重强调教师所取得的各种证明与资历，注重教师资格的评价。

第二种，双师型教师要具备"双素质"，即理论教学与实践教学的双重素质。

第三种，双师型教师要具备"双资质"，"双资质"指教师应当得到资格与能力两方面的资质认可，既具备教学与科研的能力，又具备相应的资格证书。

第四种，双师型教师要具备"双对象"。这就要求双师型教师应当具有双重来源：一方面，教师应当来自高校的专任教师；另一方面，教师应当来自其他企业的兼职人员。由教师与在职人员共同组成一支理论与实践、教学与经验互补的教师队伍，能够极大地促进高校教育的发展。

通过对以上观点进行分析，笔者认为双师型教师最初的含义应当是在教师这一行业的基础上加入新的限定，要求教师必须满足"双师"的标准。第一，"教师是既有良好的职业道德、较强的教育教学能力，能传授专业理论知识，又有丰富的实践经验、较高的专业操作示范技能和较强的科研能力，具有教师和'工程师'的双重知识和能力结构的专业教师"[①]；第二，"指教师队伍整体上具备'双师'能力，即在'理论型'教师（以理论教学为主的教师）和'技能型'教师（以实践教学为主的教师）的结构上保持合理的比例"[②]。但是，由于我国社会环境不断演替，教育界的观念也在不断发生变化。在新时期，双师型教师还应当具备更多的素质与能力。例如，教师应当具备相当的经济素养，即具备较丰富的经济常识，熟悉并深刻领会"人力资本""知识资本"等经济理论；具备一定的社会沟通能力、人际交往能力；具备一定的管理能力，在任何教学情境中都能成为课堂的主导；具备相应的创新能力。

（二）双师型教师建设的不足

通过以上论述可以看出，双师型教师对我国教育事业发展与学生综合能力提升都有所帮助，但是由于一些客观原因，我国的双师型教师队伍建设还存在一些不足，在双师型教师队伍的培养过程中时常遇到"瓶颈"与阻碍。

1. 对双师型教师的相关概念认知不足

由于我国很多高校的双师型教师培养配套制度与相关要求并不完善，所以很多高校并没有明确的双师型教师的界定。很多高校单纯地把双师型教师定义为具备双证书的教师群体，这就使双师型教师的门槛降低，使很多名不副实的所谓双师型教师进入学校。也有部分高校仅把是否具有教师证书与相关专业的资格证书作为双师型教师的评定条件，这无疑忽视了双师型教师最应当具备的实践能力这一重点。

---

① 孙建波 ."双师型"教师研究的六个特点 [J]. 师资建设 ,2013(4):68.

② 同上。

2. 对双师型教师的政策支持不足

双师型教师的培养不仅需要教师自身的努力，更需要相关政策的支持。当前我国对双师型教师并没有提出比较系统的支持政策。首先，学校聘请来自企业的兼职辅导人员只是学校单方面的行为，并没有获得政府的有效支持；其次，兼职人员进入学校传授实践经验，增加了兼职人员的工作负担，却没有得到国家所给予的相应的资助。

3. 双师型教师培训方式存在不足

根据资料显示，我国接近一半的高校教师有接受在职培训的需求，但是由于种种原因，这种需求无法得到真正落实，他们大部分都只是在入职之前接受过短期培训，这种短期培训并不能使教师的各项能力获得较大提升，仅仅是入职前对于教师职业守则的简要介绍。

针对上述问题，为了促进双师型教师的更好发展，以期有大批量、高素质的双师型教师对学生进行高质量的创业教育，对双师型教师的培养与发展做出相应改进已经成为亟待解决的问题。

二、双师型教师的发展与创业教育

（一）双师型教师的发展

首先，要正确认识双师型教师的内涵与相关概念，这有赖政府与相关部门对双师型教师做出明确的定义。其他国家在这方面做得较好。例如，德国高等专科学校教师的任职资格为5年以上工作经历，并且在相应专业岗位具有3年工作经历；澳大利亚职业教育教师必须具有3～5年从事本行业工作的实践经验；等等。可以看出，这些国家对教师的任职资格具备明确定义。对此，我国也应当统一关于双师型教师的定义，这样才能够促进具有双师型教师目标的教师群体朝着相同的路线与方向不断努力。

其次，实现"校地融合"发展策略。"校"指教师所在高校，"地"指高校所处地区，也就是说，要把高校与教师放在特定地区的特殊情况中，然后寻求最佳发展策略。这是因为我国之前的青年教师缺乏教学经验，制约了自身教学能力发展，而"校地融合"能够实现优质教育资源的融合与互补，为每位青年创业教师安排"带教""带训"导师，促进其不断接近双师型的目标。

再次，利用校企合作发展路径带动双师型教师发展。双师型教师不仅需要接受一定的教学能力培养，更要接受比较充分的实践能力培养，而提升实践能力最好的方式就是亲身体验，真正走到企业之中，感受企业文化、生产方式、工作流程等内容。所以，校企合作对双师型教师培育具有重要作用。教师要与企业、院校签订"进场锻炼"协议，在"锻炼"过程中吸取经验，深化对就业、创业的认知。

（二）双师型教师与创业教育

由于双师型教师具备多种素质，所以其对高校教育尤其是创业教育具有诸多优势。

第一，双师型教师具备较强的实践能力，能够在教学中熏陶、培养、带动学生提升自身的实践能力。

第二，双师型教师具备比较丰富的经济素养，能够对学生进行相关知识的教育，提高学生对市场、就业、创业的敏锐观察力。

第三，双师型教师具备一定的管理能力，不仅能够管理教学课堂，还能对一定的活动与组织进行管理，这有利于学生从中学到管理知识，为其日后的创业发展提供一定的帮助。另外，双师型教师还有一定的沟通能力、创新能力、适应能力等，这都能够对在校大学生产生一定影响，甚至成为学生将来创业所需的重要素养。

综上，双师型教师应当发挥自身优势，致力创业教育，培养学生关于创业活动的各项能力与素养。第一，双师型教师要带头做好学生的创业教育工作，在教育中经常穿插实践教学，以此提升学生的实践能力；第二，双师型教师要在课余时间组织学生在校内共同开展模拟创业小型活动或比赛，促进学生间的互动交流，激发其创业思维；第三，双师型教师要发现班级学生中具有创业意向、创业天赋的学生，并对他们进行一对一的悉心指导。

第七章 高校创业教育的系统建设

第一节 高校创业教育的管理系统建设

高校创业教育管理的组织结构即高校内部的领导体制与管理体系，这两重因素共同影响创业教育活动的组织、运行、发展的组织形态，也是高校内部开展大学生创业教育的分工形式、职权划分、协作机制等方面综合而成的结构体系。

一、高校创业教育的管理组织

按照职责划分，我国大部分高校创业教育管理分为学术管理与行政管理两部分，这两支队伍分别对高校的学术活动与各项政策进行管理。

（一）创业教育学术管理组织

创业教育学术管理组织是以促进高校内外各种学术交流活动、各种类型创业教育教学、创业学科丰富和发展为主要目标的组织。事实上，世界上发达国家早已形成数量较多、规模庞大的创业教育学术管理组织，以及其他专业课程的学术组织，它们共同致力学校发展。我国在这一方面虽然处于不断进步之中，但是仍然不够完善。我国创业教育学术管理组织的成员一般具有较高门槛，一部分是具有高学历、高资历、高职称的专家学者，他们不仅要具有一定深度的学术研究成果，还能够准确把握学术界的发展动向，具有严谨的学风、良好的师德师风，以及个人独特的人格魅力；另一部分是在创业领域具有卓越成就的企业家与社会人士，他们大多有很强的组织与协调能力，能够把整个学术管理组织凝聚为一股合力。一般而言，学术管理组织对各种学术型事务做出指导与统一管理，也会时常发表创业教育相关的各种学术文章。这既能够使组织内部不断进步，不断在相关领域取得成绩，又能够不断把知识转变为学术成果，从而促进创业教育学科与相关领域的发展。

（二）创业教育行政管理组织

行政管理组织主要对创业教育涉及的各项政策进行决策与执行，该组织是高校创业教育总体资料的配置者与管理者，是创业教育得以顺利开展的坚实后盾。"行政管理组织成员包含领导决策层与执行管理层，我国多数高校的领导决策层由校级党政领导、职能部门领导、二级学院领导兼职担任。执行管理层的成员通常是由学校教学和行政工作人员兼职担任，有的高校是由专职工作人员担任。"[①]

总体来看，上述我国创业教育的学术管理组织与行政管理组织共同构成管理系统，分别负责学术研究、专业教学与决策、组织、领导等工作。高校应当继续构建和完善管理系统，并促进不同系统之间相互尊重、友好合作、共同进步、各司其职，打造权责更加分明的管理系统。

二、高校创业教育的学生管理

在以上两种管理组织的共同协调下，我国要对创业教育实行更加适应现代社会发展的学生管理机制。

（一）不同创业教育模式下的学生管理

1. 课程教育模式下的学生管理

这种创业教育模式下的学生管理应当注重教学方面的安排与协调，包括协调学生专业课程与创业课程的融合学习、穿插学习、课程考核等内容。

2. 项目教育模式下的学生管理

项目教育模式是在特定时间范围内，为了某些目标而开展的教育行为。一般的项目会根据设立方或者资助方的要求指定专门的项目管理机构制定项目管理方法，对高校学生进行管理之时则按照这些管理办法严格执行即可。

3. 基地教育模式下的学生管理

基地教育模式是创业教育的重点环节，进入基地的学生主要是创业意愿

---

① 胡小坤. 大学生创业教育研究 [M]. 南宁：广西科学技术出版社, 2016:263.

比较强烈的或者已有创业项目的，对他们进行统一管理，一般要将帮助、激励、制度化等手段结合起来。

4.综合教育模式下的学生管理

综合教育模式指综合以上各种不同教育模式而进行的学生管理，包含课程教育模式的管理、项目教育模式的管理、基地教育模式的管理三种，并在此基础上形成自己的特殊管理形式。

（二）弹性学制下的学生管理

弹性学制是在我国传统学分制的基础上演化而来，是对学分制的发展与完善。首先，弹性学制保持学生专业培养目标不发生变化。弹性并不意味着目标可以随意改变，而是可以针对不同学生制定不同时间限制的培养计划，如学习成绩较差的学生可以申请将修业时间延长，这样利于学生减小压力、顺利毕业。其次，针对特殊学生群体，可以适当满足他们分阶段受教育的需求，如有些学生想在大学过程中参军，但是参军必定与读大学相冲突，他们就可以在弹性学制下申请将大学学习阶段分为参军前与参军后，这样既能参军，又能完成学业。可见，弹性学制是一种人性化学制，尊重受教育者的意愿，以人才培养为原则，凸显个性化的特征。

那么，弹性学制如何管理创业教育呢？

第一，针对创业意向强弱，将学生群体划分为强意向学生与弱意向学生。对强意向学生实行更多元、更专业的创业教育，对弱意向学生实行普及性、推广性的创业知识。例如，为强意向学生配备专门的导师进行管理，让他们在学校内的生活与寒暑假都能够掌握比较丰富的创业知识相关资源，并带领他们参加创业会议。

第二，对于由于创业的原因，确实需要休学一段时间的学生，学校可以为其办理休学，并保留学籍。当事业较为稳定，并且学生有了自己的空闲时间之后，可以选择回来继续修完学业。不过，创业是一项冒险，也是一场赌注，任何学生在创业之前都需要三思而后行。

第二节　高校创业教育的教学系统建设

教学活动是教育事业的主要环节，是使知识由传授者传输给接受者的途径。对于高校而言，创业教育的教学系统应当按照一定的步骤进行建设。

一、高校创业教育教学系统的总体设计

在高校创业教育教学系统的总体设计中，先要制定清晰明确的目标，这样能够为高校创业教育指明方向，对教师与学生起到激励作用、凝聚作用，更能为管理部门提供一定的决策与考评依据。

（一）设定创业教学系统总体目标

教学目标的设计需要结合学校实际。目前，我国高校按照其培养方式与培养方向大致可以划分为教学型大学、研究型大学、职业型大学三种，且三种高校的创业教育目标各有不同。

教学型大学是我国比较普遍、数量较多的大学类型，以对学生进行教育教学为主，学校各项水平处于中游，学生的学习能力与实践能力较为优良。在这类大学中，创业教育应当将创业理论与创业实践的教育时长平均分配，做到理论与实践兼顾。

研究型大学是我国学术水平与研究水平较高的学府，大学内学生的学术与科研水平普遍较高。在这类大学中，应当重视对学生进行创业素质的培养，并要求学生在全面掌握创业相关知识的前提下，激发他们的创新精神。需要注意的是，对待不同学生应按照其不同专业与特性进行因材施教。

职业型大学一般以实践教学为主，主要包含各类高职院校，以及部分注重实践能力的本科院校。在以上院校中，学生的科研能力与学习能力较弱，但是实践能力较强。进行创业教育之时，学校应当发挥优势、规避劣势，不必进行大量的理论教学，而要以提升学生的动手实践能力为主要目标，打造一批能够真正进入社会实践创业活动的"创业苗子"。

（二）制定创业教学系统培养方案

人才培养方案具有多种形式，选取最适合学生发展的培养方案，能够达到事半功倍的效果。高校创业教育的培养方案应当按照不同层次与阶段进行。

第一，进行普及性、宣传性的创业基础知识教育，如大学生刚刚入学的第一学期或第二学期，在大学生对未来发展感到迷茫之时，对他们进行相关理论知识的讲解，让他们内心对创业有大致的印象即可。

第二，进行特定的创业教育，为那些对创业有所兴趣的大学生进行更加细致与深入的创业知识讲解。课时可以安排在大三、大四阶段，内容以企业管理为主，强调创业技能，重视创业比赛的参与等。

第三，对比赛中显露自身创业天赋的学生进行实践教育。针对部分创业条件比较优异的学生，还要为他们提供孵化支持，对他们的创业教育安排也应与其他同学不同，要更加倾向实践、创新，而非创业知识的普及。

（三）构建创业教学系统实施办法

在创业教学系统的实施构建中，众多高校都普遍采取如下几种方式：第一，高校通过现代科学知识与人文知识共同包含的文化精神进行熏陶，让学生从内在意识真正受到创业教育的感染，从而提升创业的各项心理素养；第二，高校将创业教育课程与其他专业课程融合，力图打破课程界限，实现学科交叉与互鉴，提升创业教育的影响力；第三，高校进行创业学理论教育，并结合不同专业、不同个体的特点进行特定的培养。

总体来看，以上为创业教育教学系统的总体设计，包含目标、方案、实施等部分，将这些内容提前确定之后，便可对教学系统进行实践。

二、高校创业教育教学系统的教学方法

高校创业教育不能按照我国传统的"填鸭式""灌输式"教学方法，而应当更加多元，注重参与、探究、实践，积极培养学生的创业能力。

（一）讲授教学法

讲授教学法指创业教育教师在课堂上利用语言，结合社会中创业的各种知识，对学生进行的以培养学生创业意识、激发学生创业思维为目标的教学方法。运用讲授法能够起到很好的知识普及与传播作用，并能让教师很好地主导课堂、把握课堂，使教学内容最大化地传输给学生。但是，这种方法缺少实践性、针对性，不能让学生在创业实践中有较大提升，仅作为普及的教学方法。

（二）讨论教学法

讨论教学法与合作探究法相似，但是又有所不同。合作探究法先要按照学生的不同观点与态度分成小组，再把观点相近或相同的学生分别组成小组，最后进行相关问题的探究与讨论。

讨论教学法主要是教师指导下学生集体的对话与互相学习的过程，这种教学方法彻底改变了之前传统教学中教师的中心与主导地位，让学生有了更

多主导自己学习的权利。运用讨论法，能够让学生的思维更加敏捷，加深对特定知识的理解。但是，由于部分学生自控力较强，也有可能在讨论中偏离主题，此时教师应当适当引导。

（三）案例分析教学法

案例分析教学法以对创业案例进行分析为主，训练和培养学生对不同创业事件的分析能力。课堂开始时，教师会为学生抛出一个创业实例，让学生对此问题进行分析与思索，而学生可以模拟特定情境，尝试进行商业决策，自主解决各种企业中的实际问题。这种案例教学法最早源自美国哈佛大学，现在在诸多高校都有所体现。

（四）头脑风暴教学法

头脑风暴教学法出自"头脑风暴"一词，指无限制的自由联想和讨论，其目的在于产生新观念或激发创新设想。头脑风暴法又称智力激励法、BS法、自由思考法，是由美国创造学家 A.F. 奥斯本（A.F.Osborn）于 1939 年首次提出、1953 年正式发表的一种激发创造性思维的方法。此法经各国创造学研究者的实践和发展，已经形成了一个发明技法群，如奥斯本智力激励法、默写式智力激励法、卡片式智力激励法等。

在头脑风暴教学中，学生不应该受任何条条框框限制，应放松思想，让思维自由驰骋。要从不同角度、不同层次、不同方位大胆地展开想象，尽可能地标新立异，提出独创性的想法。另外，课堂中的所有成员都不得对别人的设想提出批评意见，因为批评对创造性思维无疑会产生抑制作用。有些人习惯于用一些自谦之词，这些自我批评性质的说法同样会破坏会场气氛，影响自由畅想。

（五）开放式教学法

开放式教学法是一种实践性与应用性很强的教学方法，需要学校教师与领导的共同协作。一般学校会根据创业知识或创业技能的需要，邀请社会中的企业家与成功人士进入校园，对学生进行教学，能够较好地锻炼学生的心理素质与实践能力。

第三节　高校创业教育的保障系统建设

合理有效的保障系统是一切教育活动开展的基础，构建创业教育保障系统应当从财税与法规两方面入手。

一、高校创业教育财税保障

创业资金政策主要分为创业税收政策、创业信贷政策、创业补贴。从2010年起，国务院就出台了应届毕业生创业的税收优惠政策和小额担保贷款政策。[①] 经过十几年的发展，高校创业环境有了初步的改善，但在局部还有很多不足之处需要加强。

（一）大学生创业资金优惠

"结合过去的经验，现今的大学生创业政策应该立足于让更多的人了解创业，让更多的人支持创业。要走向一条在政府的主导下，以创业政策为前提，以创业教育为主要手段，以商务支持为重心的更宽更广的大学生创业之路。"[②] 为了激发大学生的创业热情，国家和各地区都应出台更多优惠政策，除了制定一些一般原则性的政策，政府还应该出台一些实施细则，除了能有效缓解前文所说的局部之处的不足，还能有效缓解大学生创业的基金问题，化短处为长处。政府可以适当加大大学生创业的财政拨款，并对小企业实施优惠税率，这能够减轻在校或者刚步入社会的大学生的创业负担，从而让他们把更多精力放在事业上，助力企业成功。

（二）大学生创业基金保障

我国的高校创业基金早已存在，但由于数量较少、规模较小，并且国内对创业基金的下发有许多限制条件，导致我国只有极少数的高素质创业者才能够申请到创业基金，绝大部分较为普通的年轻创业者无法或难以申请到创业基金，没有资金的保障，这样会极大地降低学生的创业热情。所以，应当建立更多的大学生创业基金，其主要依靠中央财政拨转款来注资，地方政府、高校起辅助作用，同时可以吸收社会捐资，不断充实创业基金。

---

① 李明.我国近五年大学生创业政策的回顾评价与展望[J].理论观察,2015(1):121.
② 同上。

（三）大学生创业融资保障

融资是创业过程中必不可少的重要环节，任何创业活动都需要以融资作为前提，没有资金作为支持的创业活动必将成为"一纸空谈"。因此，对大学生创业融资做好保障尤为重要。

我国大学生普遍认为融资问题是创业过程的"拦路虎"与"绊脚石"，是横亘在他们创业之路的"天堑"。政府必须要加强宏观调控，运用各种不同方式拓宽大学生创业融资渠道，并为融资全过程做好保障工作。第一，应当开展与大学生创业金融政策相关的监督与检查，避免不良情况发生，对有关部门及时进行总结与上报，以确保融资活动不受其他外界因素的干扰；第二，应当开展融资监管评比活动，公平、公正、公开地进行融资政策的贯彻与落实。

二、高校创业教育法规保障

纵观西方发达国家，其创业活动都是以确立明确的法规为开展前提的。我国为此也一直在努力，如《中华人民共和国就业促进法》《中华人民共和国劳动法》《中华人民共和国合同法》等都对创业活动做出了比较明确的规定。

（一）高校创业法律咨询

高校创业法律咨询应当具备如下作用；第一，现场的法律咨询服务应当由专家学者与学生志愿者共同负责，帮助学生处理日常问题；第二，定期检查和研究法律热点问题，根据调研结构进行现场咨询，从而确保校园和谐与稳定；第三，运用互联网技术推广和宣传法律相关知识，提供各种法律咨询服务；第四，建立大学生法律咨询办公室，由高校内法律相关领域的资深教师担任主管，帮助创业中的大学生解决他们所面临的各种问题。

（二）高校创业法律风险预防平台

创业不仅具有一般风险，既要面临创业失败可能带来的负债等问题，还要面临可能带来法律风险。法律风险主要是创业者由于不清楚法律法规，在创业中有可能会因为疏忽而触犯法律，所以建立法律风险预防平台十分必要。一方面，平台能够防止和避免大学生在创业中造成难以挽回的后果；另一方面，平台能够增强大学生的法律意识，让他们在创业以外的其他日常生活中也时刻具有法律意识，并把这种法律意识传递给其他人。

第一，高校可以通过学校自身的教师力量与外界其他企业共同建立合作关系，从而创办大学生创业法律教育实训平台，在平台中为学生设置各种各样不同的实践环节，让准备创业或已经在创业过程中的大学生能够更加清楚创业的意义，更加清楚与创业相关的法律法规。

第二，高校也可以联合之前已经毕业的法学相关专业的优质毕业生，让他们来学校担任法律平台的职务，可以选择兼职或者全职，以此加大法律法规在校园内的影响力。

第三，高校要科学结合政府资源与社会资源，将法律知识传授给具有创业意向的大学生，并与地方各级法律援助中心广泛合作，从而把最适合大学生的法律顾问推荐给他们，共同解决创业中的各种问题，助力大学生创业成功。

第四节　高校创业教育的实践系统建设

高校创业教育的实践能力培训多通过使学生获得创业体验来提升学生的创业能力。创业能力是一种以智力为核心的具有较高综合性的能力，更是创造性与创新性的体现。它包括专业技术能力、经营管理能力、社交沟通能力、分析问题与解决问题的能力、把握机会和创造机会的能力等。这些能力对于大学生创业而言是不可或缺的，但它们无法全部通过课堂教学获得，必须依赖有效的实践系统体系。

在进行高校创业教育实践时，先要进行相关研究，结合国内外的创业教育实践形式，从中发现和吸取国外经验，以丰富和发展我国高校创业教育的实践系统建设，使学生获得最好的体验，为其之后的创业提供可靠的经验。

一、国外高校创业教育实践系统建设

本书之前的章节已经对各国的创业教育概况进行论述，此处仅对各国的实践系统建设进行简要概括，为我国高校创业教育实践系统的发展寻找值得借鉴的经验。

（一）美国高校创业教育实践系统建设

在美国，大部分高等院校都提倡理论与实践的结合，主张在创业教育中

突破课堂的界限，打造更具实践性的教育模式。事实上，美国在创业教育之外的其他课程，如物理学、生物学、化学、航天学等科目中也十分注重实践系统的建设。

在学校内部的创业教育中，美国高校打造出一系列创造性与实践性较强的教学方式，包括"创业计划、学生创办企业、向企业家咨询、计算机模拟创业、与创业者会面、案例分析、田野实践等"①。同时，美国高校考虑到高校学生数量较多，还由非创业教育老师额外共同组成若干针对创业教育的项目实践与研究小组，在侧面支撑高校创业教育实践系统的开展与完善，这使美国高校创业教育的形式变得更加多样，各种形式层出不穷。例如，自1983年起，美国开始举办大学生创业计划竞赛，这项比赛逐渐成为美国高校创业教育的重点实践项目，激励一批又一批致力创业的有志青年投身其中，极大地提升了高校学生的实践能力。比赛在美国的高校开展，如斯坦福大学、麻省理工学院等。在这种环境下，斯坦福大学校园中浓厚的创业氛围中孕育出Yahoo公司，并使该公司迅速成长为一家著名企业。

在学校外部的创业教育中，美国经常与其他企业或大企业家合作，主要表现为接受大企业家的资金支持，美国高校则运用这笔钱创立创业中心。创业中心在各界的支持与资助下定期举办校企合作形式的创业计划竞赛。一方面，竞赛能够为企业提供各种优秀的发展方案，为企业输送部分具有创新性的优质人才；另一方面，竞赛还能促进学生开发自己的思维，提升思维能力和实践能力，甚至给予学生一系列福利，如未来的创业税费减免等。总之，美国创业教育有关部门对学生的创业实践系统建设十分重视，并提供极大的支持，从而使美国高校创业教育愈发体系化、完善化，成为其他国家效仿的重点对象。

（二）英国高校创业教育实践系统建设

在英国，高校创业教育也具有比较丰富而具体的实践系统。1998年，英国政府就开始启动大学生创业项目，当时的项目主要针对英国国内18～25岁的在校大学生群体设计。创业项目主要包含两种内容：第一种是大学生自己开办公司。学生通过已经学习的创业知识，结合自己的构思，努力组建创业团队，通过各项渠道筹措经费支持。在整个实践中，学生能够丰富自己的体验，进行更多创业实践，还能吸取教师、志愿者、服务机构的相关经验，

---

① 徐晖.大学生创业教育研究[M].成都：电子科技大学出版社,2017:149.

使创业实践能力得以提升。第二种是创业课堂。创业课堂一般为半天到一天时间，学生与企业家在创业课堂进行交流。据统计，2002—2003 年，参加此项目的英国大学生超 13 000 人，至 2015 之后，参加此项目的英国大学生规模更加庞大。

二、国内高校创业教育实践系统建设

我国创业教育未来发展要注重实践系统的建设，加强教学任务中的各个实践环节，做到理论与实践结合，而不是单向度的创业理论发展。

我们要经常举办各类实践活动，如"科研实验、专业实习、军事训练、劳动教育等，还要加强教学计划外的实践活动，如校园文化活动、专业技能竞赛、各类型的文化指导服务等；既要加强专业内的实践，如专业实习等，又要加强专业外的实践，如各种青年志愿者活动、社会调查等"[①]。总之，创业教育不只是停留在理论层面的"空中楼阁"，也不是遥不可及的"海市蜃楼"，而是需要真正落实在现实生活、现实社会的一种教育模式。这需要我们对实践系统的建设提起高度重视，在发展的过程中做到如下几方面。

（一）开展各种实践活动

我国高校应当在创业教育中结合实际情况开展各种实践活动，把与创业教育有关的实践知识渗透进教学中。在这一环节，要针对不同时期的大学生制定不同的计划。

对于大一新生来讲，他们刚刚进入校园，充满朝气，对大学内的各种活动都比较好奇。这时，可以经常组织他们开展创业观察实践与创业案例分析活动，让学生在各种实践与调查中深化自身对市场的认知和对创业活动的了解，从而激发他们的创业兴趣，为未来继续加深创业教育与实践活动打下基础。

对于大二学生来讲，他们已经经历大一一年的学习，在心理成熟度上比之前有所完善，对各学科的知识也有了一定积累，为人处世的能力也有所提升。这时可对他们进行更加具体、更加实际的创业实践教学活动。如创办创业信息手抄报，建立创业信息库、创业点子库和优秀创业方案库等。此外，创业教育老师还可以在学校的支持下，带领学生与社会中各类企业开展广泛合作，在合作中加深学生对创业实践的认识。

---

① 　徐晖.大学生创业教育研究 [M].成都：电子科技大学出版社,2017:151.

对于大三与大四的学生来讲，他们在高校内的时间已经过半，对于社会也有所接触，距离真正的创业活动越来越近，迫切需要参加更多的创业活动与指导活动。一方面，学校应当积极邀请成功创业的校友回到学校与学生交流创业心得，也可以邀请著名企业家进入校园，为学生的创业实践进行更具权威性的指导与帮助；另一方面，学校内部也要多举办创业活动，包括创业论坛、创业演讲、创业设计比赛等，并给予一定的奖励，如创业资金支持、创业经费优惠、创业技术支持等。

（二）开展创业体验活动

体验既指亲身经历，实地领会，又指通过亲身实践所获得的经验。通过真实体验而获得的东西使我们感到真实，并在大脑记忆中留下深刻印象，使我们可以随时回想起曾经亲身感受过的各种经历。在创业教育的实践教育中，加入更多学生可以亲身体验的内容，能够加深学生对创业教育的印象，对其之后的创业活动具有长久的指导意义。

首先，充分开展创业体验活动竞赛，让学生模拟实际的创业过程，以此提升学生关于创业的综合能力。"这些活动要求参赛学生围绕一项具有市场前景的产品或服务，经过深入研究和广泛的市场调查，完成一份把产品或服务推向市场的完整且具体的计划报告。"[1] 也可以开办各种创意比赛，这是由创业与创新的关系所决定的，能够促进学生奇思妙想，激发学生的创意灵感，对其增强创业体验、获得创业知识也有重要帮助。

其次，大力支持校企合作的办学模式，加大学生进入企业进行创业体验的力度。校企合作是我国已经开始实行的一种教学方式，其对学校、企业、学生的发展都一定意义。通过发展校企合作，学生有更多机会可以深入企业，从而更加全面地了解企业各种生产环节，丰富创业体验。

最后，学校有关部门可以设置关于创业体验的各种奖项。例如，学生在企业实践或者校园模拟企业实践中表现优异，便能够获得学校设置的奖励。这样能够激发学生在体验活动中的积极性，从而完善创业实践系统。

（三）开展企业岗位实践

学校应当开展企业岗位实践，让学生在相关工作人员的指导下进入企业

---

[1] 徐晖.大学生创业教育研究[M].成都：电子科技大学出版社,2017:152.

真实岗位并开展相关工作。这种实践方式能够让学生深入社会、深入企业、深入市场，从而对就业与创业的整体大环境有更加深入的了解，并以此对自己的各项能力做出评价。具体可以参照如下方案，如"通过加强校企联合和实践基地建设，利用学生的人才优势与校外的高科技研发机构形成合力，让学生的创业活动与企业之间形成良好的互动，引导创业活动向长期化、社会化、实战化发展，推动学生的创业成果尽快产业化"[①]。

另外，还可以开展各种其他类型的走进企业活动，如山东建筑大学开展的"百企千岗"活动就组织学生实地考察，感受创业的艰辛苦楚，体会拼搏与勤奋的思想精神，让学生在特定岗位工作中获得自身的综合成长。

（四）开展创业实训实践

实训是职业技能实际训练的简称，是指在学校控制状态下，按照人才培养规律与目标，对学生进行职业技术应用能力训练的教学过程。实训也可以分成不同类别。从时空上分，有校内实训和校外实训，包括教学见习、教学实训和生产实训；从形式上分，有技能鉴定达标实训和岗位素质达标实训，包括通用技能实训和专项技能实训；从内容上分，有动手操作技能实训和心智技能实训。

实践表明，实训实践能够全面提高学生的职业素质，最终达到促进学生就业与创业的目的。目前，我国部分高校已经开办实训模式实践，如"创业训练营""创业实验室"等不同的模式，力图通过校园实训的建设不断提升和完善创业环境。

---

① 徐晖.大学生创业教育研究[M].成都：电子科技大学出版社,2017:152.

第八章　中国高校创业教育的未来展望

第一节　开辟创业教育互联的新格局

在高校创业教育的未来发展中，我们要积极实行创业教育教学改革，妥善解决现存创业教育问题，努力开创创业教育新格局，真正做到立足现实、展望未来。对我国高校创业教育新格局的构建应当从如下不同方面进行，以期形成合力，共同推进高校创业教育的不断发展。

一、高校内部树立全局意识

高校创业教育不只是一门简单的课程，更是国家科教兴国战略与国家可持续发展战略的重要实现途径和推进我国社会主义现代化教育改革的重要动力。为了培养祖国未来发展的"后备军"，各级部门都应当提起高度重视，树立全局意识，共建创业教育发展的新型格局。

高校应当"整合高校和社会资源，将创业人才培养纳入高校人才培养目标，坚持创业人才培养与专业课程相结合，构建多层次、立体化、针对性强的创业教育课程体系"[①]。具体来讲，就是从各个方面入手，形成创业教育的体系化发展网络。

第一，高校的管理阶层应当对大学生创业教育提起重视，把创业教育纳入课程体系和评价体系中，而不是像以前一样，只是停留在"喊口号"的层面。要在人才培养与学科发展的目标上明确创业教育的重要性，促进学校内部的上下联动，形成人人接受、人人认同、人人重视创业教育的新格局。

第二，高校管理层之下的各院系、各学科负责人应当在校领导的带动下充分认识和明确创业教育的重要意义，结合自身专业与领域的特性与行业背

---

① 黄兆信,王志强.论高校创业教育与专业教育的融合[J].教育研究,2013(12):61.

景，在以往的旧有教学计划、教学内容、教学目标中适当加入与创业教育相关的新型内容，从而实现创业教育与专业教育的融合。

第三，高校创业教育课程的专任教师应当立足创业知识，吸取其他课程的有益内容，用于丰富和充实创业教育课程，从而真正实现创业教育的继续发展与完善。

第四，高校内各机构与管理部门应当根据各自大学的特点，共同建立或完善编制、场地、经费等相对独立的大学生创业学院，使大学生除了可以接受创业教育课程之外，还能参加全方位的创业实践活动。

第五，高校与社会各界加强联系与互动，践行"大众创业、万众创新"的时代浪潮。例如，整合各方力量，优化资源配置，建立校企、校所等协同育人机制。

二、校校之间加强互通互联

高校未来的发展不是"独善其身"，而是"并肩战斗"，高校之间应当致力扩大发展，打造校校互联的新格局，互相吸取经验，促进各个高校快速发展。

我国很多高校在进入 21 世纪后发展迅猛，诸多方面都取得了喜人的成绩，不过与世界一流大学相比仍然存在明显的弱势。这说明大部分高校都有较大提升空间，应当努力与一流大学广泛交流，借鉴其创业教育与管理经验，并结合自身的具体情况，寻得独具特色的发展之路。

第一，高校应当树立广泛的对外交流与合作的观念，不仅应当加大与国内名牌高校的交流，还要扩大与海外名校的交流，通过各种交流活动与学术项目，让创业教师了解到更多新颖、先进的教学方式与教学内容，这不仅对高校的创业教育水平有所帮助，还对提升我国的影响力与竞争力意义深远。

第二，高校应当成立校际合作交流协会，协会领导由高校院系主任等担任，主要成员应当包含校内创业教育优秀教师，以及部分优秀学生与具有强烈创业意向学生。不同高校的交流协会成员可以互相走访，在其他校园吸取关于创业教育的各种经验，寻找适合自己利用与发展的路线。

第三，高校应当共同举办与创业教育相关的活动或竞赛。虽然我国已经举办了一些创业竞赛，但是以校内自行举办居多，缺乏不同高校之间联合举办的竞赛。在未来的发展中，若能积极举办竞赛，必定能够激发学生的创业热情，促进学生沟通能力、交流能力、创造能力、创新意识的整体提升。

第二节　大力吸取国外高校创业经验

本书第五章已经对国外高校创业教育相关内容进行比较详细的叙述，从中总结出一些值得我们吸取和借鉴的经验。未来，我国创业教育发展必然要在吸取他国经验的基础上完善自身，从而展望创业型社会的美好未来。

一、成立海内外创业交流协会

我国可以建立海内外创业经验交流协会，运用协会的力量，对我国高校人才培养与创业事宜咨询服务提供有力支持。

（一）创业交流协会的构成

创业交流协会应当分为两种类型：一种为"政府协会"，由政府领导，由各级有关部门官员直接管理，主要制定关于海内外创业交流的各项方针政策；另一种为"高校协会"，由教育部门、高校共同组成，由教育部门与高校校领导直接管理，主要负责接收和执行"政府协会"的命令。

首先，"政府协会"指导和代表我国海内外创业文化交流的大方向，"高校协会"所有交流活动事宜都应当在遵循"政府协会"的要求下有序进行；其次，"高校协会"在各类交流活动进行之时要做到定期向"政府协会"上报，把交流中的成果与问题全部向"政府协会"反映，以便"政府协会"制定接下来的计划与方针；再次，交流协会还需要一支检查与监督的队伍，这支队伍既不完全受"政府协会"管制，又不听从于"高校协会"，主要用于监察"高校协会"在海内外交流活动中的言行，以促进高校创业交流更好地开展。

（二）创业交流协会的职责

创业交流协会应当坚持党中央的一系列重要指示与精神，积极发挥如下作用，以促进我国创业教育的不断深化与推进。

第一，发挥桥梁与纽带作用，加强政府、相关部门、创业者之间的信息沟通与交流，协调协会内部成员之间关系，共同形成海内外信息互通交流网。

第二，加强信息搜集力度，根据社会人才市场的变化调整协会关注的重心，帮助协会会员以及其他高校在校生加强创业交流。

第三，开展人才公共服务工作，帮助政府做好一系列公务业务，并且协助有关部门举办各种创业、招聘活动，如我国人才交流协会曾举办"全国人才首届高校毕业生网络招聘大会"。

第四，加强国际交流与广泛合作，与其他国家的创业教育形成双向往来，寻求更加广泛的合作，吸取国外创业教育经验，组织协会会员前往国外考察，大力促进我国创业人才的发展。

二、共建海内外创业交流网络

（一）创业交流网络建设路径

互联网是现代社会人与人之间交流的重要媒介与平台，在创业教育经验交流中广泛运用互联网，能够提高信息交流效率，扩大信息交流广度，增加信息交流深度，更加利于吸取国外创业教育经验。

目前，我国已经在国内成立较多的创业交流平台，主要包括大学生创业网（该网站覆盖了全国众多投资机构）、创业网（该网站向创业者提供创业新闻、政策法律、商机分析、项目点评、风险投资、创业故事等内容）、全国大学生创业服务网（该网站是中华人民共和国教育部唯一专门宣传、鼓励、引导、帮助大学生创业的官方网站）。

我们应当在以上网站的基础之上积极展开对外合作，与海外名校、海外创业服务机构广泛合作，共同构建海内外创业交流网络，形成互通共赢的良好趋势。

首先，网站管理人员与相关部门领导要总结我国创业网站创建与发展经验，包括网站开发与构建的效率如何提升、网站安全如何加强、网站内容质量如何提升等。在经过总结与研究后，应做出新的发展计划，明确发展措施。其次，相关人员根据网站发展措施展开一系列工作，优化我国重点创业网站，并与海外名校开展沟通，以期建立合作关系，打造创业内容交流平台。最后，海内外创业内容交流平台成功建立之后，我国教育部门、网络管理部门要加强海内外联系，从发达国家高校中吸取创业教育的有关经验，不断充实和提升我国的创业教育水平。

（二）创业交流网络建设原则

建设海内外创业交流网络平台时应当遵循一定的原则：一方面，要有利于我国更多更好地吸取他国创业教育经验；另一方面，要有利于我国建立更好的国际形象。

第一，把互利共赢与网络安全作为前提。任何合作都应当建立在利益的基础之上，我们既不阻碍他人获取利益，也不放弃自己所赢得的利益，在合作交流中，要与其他国家与高校进行平等交流，互相沟通有利资源与信息，促进双方共同发展。同时，要提起对网络安全的重视。跨国网络交流需要涉及很多方面的内容，不能因疏忽网络安全而造成重要信息被窃取的事故。

第二，把创业作为交流的核心。该平台的主旨就是为高校中具有创业意向的学生提供更好的服务，所以必须紧紧围绕"创业"二字。在网络交流中，不应涉及其他无关的内容，要把"创业"作为网络交流的中间环节。

第三，筛选能够登录海内外创业交流网络平台的会员。相关管理人员、政府工作人员、高校认定的在校生可以登录网站，其他的社会人员则不能够登录平台，以免产生不必要的各种问题。

第三节　营造创业氛围，激发女性创业活力

我国长期以来在职场中"重男轻女"，一方面是由我国传统思想的禁锢所致，另一方面与大众常规认为的女性独特的思维方式相关。在中国，人们总是认为女性创业者缺乏男性的魄力，生理的差异性也让女性员工在职场中备受歧视，一些人习惯用有色眼镜看待女性创业者。科学表明，男性与女性在思维方式上的确存在差异，但按照女性的思维方式进行创业并不意味着更低的成功率，反而能在某些情况下发现更多商机，这与女性思维的特点有关。所以，女性应当享有与男性同等的创业权利，同时，这也是对自由、平等观念的践行。

一、女大学生创业现状分析

西方诸多发达国家都是支持女性创业的，女性群体具有与男性共同竞争、共同创业的资格。我国曾长期受到传统观念的压抑，致使女性创业遭遇各种阻力与困难。随着我国社会文明不断进步，以及社会转型与体制改革，国人对女性创业的观念开始有所转变，女性群体自身也逐渐从精神与经济等方面独立起来，展现出自己在创建企业方面的天赋与能力。

据统计，21世纪初，中国女企业家约占中国企业家总数的20%，其中

个体和私营经济中的女企业家占所有女企业家总数的41%。2009年，中国妇女自主创业比例为27.96%；2010—2020年，女性创业者数量更是显著提升。

不过，这些创业群体多数集中在我国经济富庶地区，其他地区的居民对待女性创业的态度仍不明朗，对待女大学生创业甚至予以反对。在开放、包容的新社会，我国大学生创业教育发展应当向创业者性别平等上所靠拢，原因如下。

第一，经过长久的发展，我国经济与市场的发展已经比较稳定，市场对于任何类型的创业都具有更高的包容力，这为女大学生创业打下了坚实的基础。

第二，国内女企业家创业的事迹逐渐增多。例如，57岁的"地产女王"吴亚军、40岁的碧桂园创始人杨惠妍、60岁的翰森制药创始人钟慧娟等。这些女性创业的事迹极大地激励着女大学生的创业心理，让她们逐渐产生了创业的渴望。

第三，政府开始出台利于女大学生创业的各种政策，有关部门也开始构建相关支持体系。

二、丰富女大学生创业活动

为丰富女大学生校园活动，促进女大学生创业，社会各界应当共同支持女大学生创业，平等看待女性创业者。

第一，继续全方位拓展"女大学生创业季"活动。"女大学生创业季"是全国妇联妇女发展部、教育部高校学生司、人力资源和社会保障部就业促进司以及中国女企业家协会决定，在共同组织实施"女大学生创业导师行动"的基础上，开展的一项活动。是国内唯一一档针对当代女大学生群体量身打造的，提升就业、创业实践能力的盛大活动，通过培训、与企业家交流、落地实践活动、创业大赛等，全面传递"自信、创新、拼搏、奉献"的精神，"以创业带动就业"，每年秋冬季节举办一次。相关部门应当极力倡导创业季活动，加大统筹力度，促进活动朝着更完善化、系统化、制度化的方向发展。

第二，有关部门要大力开展女大学生就业创业扶持项目，扶持项目应当由各高校联合特定地区的妇联共同举办；要经常组织校园招聘会女生专区，开展女企业家进入校园宣讲活动，落实女大学生创业技能培训指导工作，示范、引领女大学生创业。

第三，发展"鸿动中国"全国女大学生创业大赛。为了支持和鼓励女大学生创业，更好地响应全国妇联"女大学生创业导师行动"号召，帮助女大学生树立职业精神，规划创业前景，全国大学生就业创业平台曾于2015—2016年举办"鸿动中国"全国女大学生创业大赛。参赛者仅限女大学生个人或团队，对女大学生创业有很大支持与鼓励作用。相关部门应当妥善推进赛事的进一步发展与完善，帮助女大学生提高创业成功率。

三、建立女大学生创业孵化平台

在我国女性创业的风气逐渐浓厚的今天，应当对女性创业制定新的对策，从而促进社会真正形成男女平等的创业风气。建立女大学生创业孵化平台就显得十分必要。

众所周知，创业孵化平台是为了提高高校学生创业能力所提供的平台，更是创业教育的有效载体。多年来，孵化平台为社会输送了大批创业精英，但是孵化平台的使用权竞争日益激烈，女大学生一般无法争取到创业孵化平台的使用权，这极大地打击了女大学生的创业积极性。在未来高校创业孵化平台的建设中，应当为女大学生创业者提供更多支持。事实上，大学生创业孵化平台既是高校创业教育的重点，又是政府应当提起关注的层面，两者应当为构建女大学生创业孵化平台形成合力。

第一，高校与政府应当共同为女大学生单独成立女性创业孵化平台，该平台的申请者与使用者仅限在校女大学生。这虽然在一定程度上会增加资金投入，但是使女大学生有了更多的实践机会，使高校创业氛围愈发浓厚。

第二，政府要针对女性创业孵化平台额外提供资金支持。例如，每年补贴给创业意向强烈、创业能力较强的女大学生一笔创业启动资金，一方面能够提升女大学生的创业积极性，另一方面能减小她们的创业压力，促进其创业成功。

第三，政府要鼓励社会中的各种企业、协会、组织积极参与女大学生创业孵化平台构建活动，力图实现社会中企业自愿进入高校，工作人员自愿担任女大学生创业导师，并为之提供各项服务与支持的目标。

第四节 着力营造高校学生创业氛围

营造大学生创业的风气与氛围，应当从校内与校外两方面入手，这是因为高校创业教育并非孤立的，而是一种需要社会各界普遍关注和联系的创业活动，受社会文化大环境的影响与制约。

一、举办社会创业文化宣传活动

创业文化宣传指以促进创业氛围与思想变得更加浓厚，促进人们对创业产生更新的视角为目标，而对创业相关的各项内容所进行的宣传活动。通过创业文化宣传，一方面能够促进与创业相关的一系列活动得以顺利开展，另一方面能够促进学生提升自身内在的创业积极性与信心。

（一）加大媒体关于创业文化的宣传力度

媒体具有监督与纠正不良现象、协调社会关系、传承文化、提供娱乐、引导大众、传播资讯等功能，其中传承文化、引导大众、传播资讯这三项功能恰恰能够实现创业文化的宣传。

媒体应当积极发挥社会舆论导向功能，制定大学生创业宣传特别栏目，展现我国部分大学生的创业风采。第一，聚焦大学生创业政策舆论基点，及时响应中央与地方政府的创业政策思想导向，并对这些内容进行正确宣传；第二，提升对大学生创业典型事迹的宣传力度，各级、各地媒体及相关部门都应当提起对树立典型的重视程度，将成功个例进行思考与筛选，有选择地传播到社会中，传播创业"正能量"；第三，要把各种关于大学生创业的政策与优惠传播给社会人群，并适当进行详细、精准、全面的解读，让人们充分理解国家的各项创业优惠政策，从而更乐于接受创业，也更乐于让自己的亲朋好友加入"创业浪潮"中。

另外，当代社会自媒体发展迅猛，越来越多的手机软件呈"井喷之势"发展，五花八门的应用令人目不暇接。我们要紧跟时代步伐，利用自媒体传播的时效性、广泛性充分宣传大学生创业文化。例如，利用自媒体短视频软件拍摄各种大学生创业微视频，包括大学生创业的美好前景、大学生创业前的准备、大学生创业对个人与社会的意义，还可以与部分创业教师合作，拍摄 5 分钟左右的视频"微课"，用于传播创业文化。

（二）组建"宣讲团"进入社区进行创业宣传

虽然当代多媒体信息技术处于蓬勃发展阶段，但是媒体的受众往往只限于年轻人与中年人，我国多数老年人并不善于利用信息技术，所以他们并不能充分接触信息媒体所传播的各种思想与文化。同时，一些家庭的"决策权"往往在老人手中，他们出于传统的保守思想，不愿自己的小辈参加风险较大的各类创业活动。这就需要我们组建专门的"宣讲团"，进入不同社区，对不同年龄段的社会群体进行创业文化宣传。"宣讲团"成员可以由部分高校创业教师、创业领域专家学者、具有一定经验的创业者共同组成，也可以加入一些具有成功创业经历的大学生。"宣讲"过程可以分为制定宣讲计划、张贴宣讲公告、进行宣讲活动，以及登记与会者名单和联系方式，以便宣讲结束后与与会者再次进行交流。

二、开展面向大众的高校创业知识竞答活动

（一）举办创业知识竞答大赛

开展知识竞答比赛能够有效提升社会对创业的关注度，深化人们对创业相关知识的了解，从而逐渐形成支持创业的良好社会风气。

为了保证公平、公正、公开的比赛原则，创业知识竞答比赛可以参考学校内、电视中的各类竞赛规则进行设置。

竞答报名要求较低，只要是社会人群，并且按照要求填报登记个人相关信息，就可以参加比赛。这样有利于扩大参赛人数，使比赛能够对社会产生更大影响。

竞答形式可以分为两种，一种为个人比赛，另一种为小组比赛。个人与小组之间不进行比赛，最后分别选出个人冠军与小组冠军。

竞答题目设置包括选择题、轮答题、接龙题、抢答题等。参赛选手按照比赛要求答题，每答对一道题就能积累相应的分数。此外，也可以在比赛的最终环节为参赛选手设置简答题，考验他们的临场发挥与口语表达能力。例如，什么是创新能力的培养途径？什么是大学生创业的内涵？什么是创业的要素？如何正确认识创业？这些问题既能够全面考察选手对创业知识的理解，又能让比赛者与观看者对大学生创业有更多了解。

最后，竞答要设置特定的奖项，以此建立奖励机制，鼓励人们参加比赛，学习创业知识，了解创业知识，形成对创业的认可，促成支持创业的风气。

（二）举办创业政策竞答大赛

为了促进我国高校创业教育以及各类创业活动的蓬勃展开，我国已经制定一系列政策。包括《关于深化高等学校创新创业教育改革的实施意见》《国家创新驱动发展战略纲要》《普通本科学校创业教育教学基本要求（试行）》《国务院关于进一步做好新形势下就业创业工作的意见》《国务院关于大力推

进大众创业万众创新若干政策措施的意见》等。同时，中共十九届五中全会提到要"坚持创新在我国现代化建设全局中的核心地位"，而这恰恰是我们创业最需要的精神。

除了举办与创业相关的知识竞答比赛之外，还应当举办创业政策竞答大赛，让人们能够在参加比赛的过程中对国家的相关政策有所了解，从而对创业的未来产生更多信心，最终形成一股支持"大众创业、万众创新"的浓厚创业风气。

第五节　高校与社会市场主体提供创业实践的全面支持

高校既要与相关部门开展各种创业教育有关活动，又要尝试与社会市场主体进行密切的交流与合作，以更好地落实大学生创业实践。

社会市场主体即社会中市场主体的统称，包括企业、居民、政府和其他非营利性机构。

一、高校与社会市场主体明确合作目标

在提供全面创业实践支持之前，高校与市场主体先要明确合作目标，制定比较详细可行的实践计划。市场主体包含投资者、经营者、管理者、企业等多重内容，其中企业是市场主体的重中之重，是最为重要的组成部分。

首先，高校要与企业达成共识，明确互利共赢的价值取向。第一，高校应当从众多企业中选择一家或几家结成利益共同体。需要注意的是，这种选择必经过慎重考虑，综合高校与企业的利益诉求、愿景，以及企业的成长性、规模、资源、能力等诸多因素，还要全面考虑双方的价值追求、文化素养是否具有同一性，在以上各方面因素都一致的情况下，才意味着高校与市场主体具有构建创业实践支持合作的前提。第二，高校与市场主体完善合作机制，坚持"双主体"的理念，既要有高校这一主体，又要有企业这一市场主体，不能顾此失彼，从而让学校与企业共同成为大学生创业实践的支持者。第三，高校与市场主体加深交流，高校需要继续深入了解市场主体的利益诉求，如培育未来用户、培养后备人才、推广新技术、展示新产品、培训现有用户、开展应用研究、提高社会声誉、传播企业文化等。高校应当针对市场主体的不同诉求提出不同合作方式，找寻双方的最优发展路径。

其次，高校要与政府达成共识，拥有共同的人才培养目标，以创新型、创造型、高素质、高能力人才的培养为创业实践成功与否的标准。第一，高

校发展的各项内容设置应该是高校、政府等多种力量多重考量的结果，过于强调某一方面必然导致失衡。要实现相对合理、均衡、协作，两者都应当对协调与协作创业实践提起重视。第二，政府应当明确与高校在创业教育中的重点合作区域，对待不同高校，要清楚它们所适合的不同创业教育发展模式。例如，浙江大学、浙江农林大学、中国农业大学等的创业教育与实践应当放在农业创业层面；中国美术学院、西安美术学院、杭州师范大学等的创业教育与实践重点要放在文化创意创业层面。

二、提供创业实践支持

（一）共建创业人才培养基地

高校与市场主体应当共同打造大学生创业人才联合培养体系、共同制定人才培养方案、共同建设专业化技术团队、共同建设教育教学实践基地、共同研发适合高校学生创业发展的重要课程、共同实施专业教学、共同负责学校就业创业活动等。这一系列实践措施均需要以培养基地作为依托。

人才培养基地分为校内基地与校外基地两种，分别具有各自的特性。校内人才培养基地建于高校内部，校外人才培养基地建于高校外部，都是大学生进行创业实践，培养创新能力与创新意识的重要场所，也是大学生接触市场、了解行情的重要纽带。可见，高校与市场主体共同建立高质量的校外基地是提升人才培养质量的内在要求。

另外，校外培养基地还能够以培养应用型人才为目标，实现共同规划、互利共赢的体系化校园与企业共建模式，将社会各界有利资源引进培养基地与高校内部。这样一来，既能够提升校园创业教育质量又能够让学生与市场主体有更多的接触与交流，从而拉近距离，让学生更多地了解社会中的企业，从而收获创业实践的经验。

（二）共建创业实践课程

高校创业教育课程教师与相关院系领导应当与企业中相关的技术人员共同编写创业教材、构建创业课程。反观以往的创业教育教材，普遍偏重理论，教材内容比较空泛，缺少对大学生创业实践的指导内容。高校与市场主体共建课程与教材，能够改变传统教材与课程的旧有"面貌"，使教材能够根据各个岗位的要求与实训内容对学生做出细致、针对的指导。在具体操作中，高校应当大胆进行课程改革，根据社会技术人员的建议，开发专业教材，融合专业技术，提升大学生创业的实践能力。

（三）共建创业实践委员会

应当通过政府发文，以及高校的积极响应，共同成立高校科技创新与创业实践委员会等部门，委员会主要开展或协调各种创业实践活动，委员会主任之职可以由高校所处省市的市长或分管副市长担任，其他成员则由高校内部领导，以及发改委、教育局、外贸局等在内的各级政府领导共同担任。同时，委员会要下设用于执行活动与任务的办公室，每季度或每半年召开一次全体大会，共同推进高校创业实践支持工作。需要注意的是：第一，委员会主任、副主任以及其他管理人员都应当接受委员会所有成员的集体监督，所有创业实践支持活动一定要公平、公正、公开，做到透明化；第二，委员会之下的办公室成员应当明确相应职责，对于特定的创业实践支持工作要身体力行，并且列入考核内容之中；第三，一切的实践活动都需要较多的人力与物力，委员会同样需要一定的经费支持才能得以正常运转，高校与政府应当开辟新的渠道，为委员会自身与其工作的开展筹措更多经费，用以支持各个创业实践项目。

（四）共建"产学研"基础上的"政产学研"模式

众所周知，"产学研"的发展模式指科研、教育、生产不同社会分工在功能与资源优势上的协同与集成化，是技术创新上、中、下游的对接与耦合。随着社会生产力与高新技术的不断发展，知识社会环境下的创新2.0形态正推动科技创新与创业教育从"产学研"向"政产学研"协同发展的方向转变。

首先，"政产学研"发展模式是建立政府、高校、企业共赢的合作新模式，政府各级管理部门在整个关系网中扮演的是"指挥者""协调者""推动者""激励者"的重要角色，所以政府各级领导部门需要改变之前社会中的产学双边合作模式，积极构建"政产学研"的多维合作新机制。企业在新机制中最接近市场，对市场的需求与各项要素反应较快、把握较准，能够更好地保障市场导向，减少高校、政府、研究机构创业实践活动的盲目性，避免资源浪费，提高创业成功转化率与创业成功率。

其次，"政产学研"的推进过程中，政府应当出台相应的支持政策。例如，鼓励高校在企业中建立合作基地，通过合作基地为企业提供技术咨询，选派优秀科研骨干或资深企业管理专家到企业担任技术顾问；也能够聘请企业优秀技术人员到高校帮助和指导学校进行创业实践，从而提供有力支持。

（五）共建创新平台

政府要与高校共建创新平台，推动公共科技资源信息共享，助力创业实践活动全力推进。一方面，要搭建高校研发公共服务平台，建立有效合作机制，鼓励高校提高大学生对各种创新技术与创新设备的使用率，提升学生的创新能力；另一方面，政府要以国家级、省级各类科技创新基地为核心，与高校共建科技创新平台，推动科学技术创新，从而对大学生创业实践提供有力支持。

另外，政府还要支持高校的企业孵化器建设，在一定程度上加快并简化审批高校对土地征用、房屋建设、设施配备方面的流程，落实各高校创业孵化的目标。

参考文献

[1] 李海波.高校创业教育的国际比较 [M]. 杭州：浙江工商大学出版社 ,2020.

[2] 周昊俊.基于 AHP 法的高校创业教育模式实践研究 [M]. 北京：原子能出版社 ,2020.

[3] 芮国星.信息时代高校创业教育体系研究 [M]. 西安：陕西师范大学出版社 ,2016.

[4] 徐小洲 , 梅伟惠.高校创业教育体系建设战略研究 [M]. 杭州：浙江教育出版社 ,2015.

[5] 陈春晓.高校创业教育引论应用型院校创业教育对策研究 [M]. 北京：北京邮电大学出版社 ,2018.

[6] 李志永.日本高校创业教育 [M]. 杭州：浙江教育出版社 ,2010.

[7] 徐小洲 , 叶映华.中国高校创业教育 [M]. 杭州：浙江教育出版社 ,2010.

[8] 梅伟惠.美国高校创业教育 [M]. 杭州：浙江教育出版社 ,2010.

[9] 关小燕 , 陈文华.高校创业教育研究 [M]. 南昌：江西高校出版社 ,2010.

[10] 董晓红.高校创业教育的理论与实践 [M]. 济南：山东人民出版社 ,2013.

[11] 黄兆信 , 王志强.地方高校创业教育转型发展研究 [M]. 杭州：浙江大学出版社 ,2013.

[12] 徐章辉 , 刘帆副.中国高校创业教育体系发展研究 [M]. 北京：中国青年出版社 ,2011.

[13] 陈高生 , 孙国辉.新世纪的国家竞争锐器：高校创业教育 [M]. 北京：经济日报出版社 ,2012.

[14] 李喆.地方高校创新创业教育研究 [M]. 济南：山东人民出版社 ,2020.

[15] 陈忠平 , 董芸.新形势下高校创新创业教育 [M]. 北京：冶金工业出版社 ,2019.

[16] 裴小倩 , 严运楼.高校创新创业教育协同机制研究 [M]. 上海：上海交通大学出版社 ,2018.

[17] 王爱文.高校创新创业教育发展动力机制研究[M].广州:中山大学出版社,2019.

[18] 姚远,冉玉嘉.高校创新创业教育生态系统构建研究[M].成都:四川大学出版社,2019.

[19] 北京中科创大创业教育投资管理有限公司,中科招商投资管理集团股份有限公司,中关村中科创新创业教育基金会.中国高校创新创业教育发展蓝皮书(2017)[M].北京:冶金工业出版社,2018.

[20] 王玉斌,张丽.全球价值链分工与高校创新创业教育研究[M].成都:四川大学出版社,2018.

[21] 丁琰.地方应用型高校创新创业教育与实践研究[M].延吉:延边大学出版社,2018.

[22] 邓如涛.新常态下高校创新创业教育研究[M].成都:电子科技大学出版社,2017.

[23] 耿丽微,赵春辉,张子谦.高校大学生创新能力培养与创业教育研究[M].成都:电子科技大学出版社,2017.

[24] 上海市学生事务中心.生涯发展教育研究(第22卷2019年上海高校毕业生就业创业工作专项研究项目特辑)[M].上海:上海交通大学出版社,2020.

[25] 杨仕勇.高校辅导员论创业教育[M].合肥:合肥工业大学出版社,2015.

[26] 宋天华.地方高校大学生创业教育研究[M].成都:电子科技大学出版社,2015.

[27] 洪柳.创新创业教育视域下高校公共事业管理专业实践教学体系改革研究与探索[M].长春:吉林大学出版社,2018.

[28] 吴金秋.中国高校"融入式"创新创业教育[M].哈尔滨:黑龙江人民出版社,2013.

[29] 党建民,李博,殷飞,等.大学生创业教育[M].徐州:中国矿业大学出版社,2017.

[30] 刘新跃.大学生创业教育[M].芜湖:安徽师范大学出版社,2015.

[31] 万哨凯,肖芳,付海华,等.大学生创业教育[M].武汉:武汉大学出版社,2015.

[32] 焦雨梅,冉隆平.大学生创业教育[M].北京:航空工业出版社,2013.

[33] 孙睿,董春华,郭强,等.大学生创业教育[M].北京:中国时代经济出版社,2013.

[34] 黄海燕,陈玉梅,费再丽,等.大学生创业教育[M].长沙:湖南师范大学出版社,2013.

[35]　钟晓红，曾毅，李桂生，等．大学生创业教育 [M]．北京：北京理工大学出版社，2010.

[36]　徐晖．大学生创业教育研究 [M]．成都：电子科技大学出版社，2017.

[37]　胡小坤．大学生创业教育研究 [M]．南宁：广西科学技术出版社，2016.

[38]　王慧颖，詹明．新时代大学生创业教育的理论与实践研究 [M]．成都：电子科技大学出版社，2019.

[39]　陆志荣，邓云晓．大学生创业教育论纲 [M]．成都：西南交通大学出版社，2017.

[40]　梅红，宋晓平．大学生创业教育调查报告 [M]．北京：中国社会出版社，2017.

[41]　王金剑．基于创业胜任力培养的大学生创业教育研究 [M]．北京：北京理工大学出版社，2017.

[42]　李容芳，孙昀，马尧双．大学生创业教育活动教程 [M]．北京：中国铁道出版社，2015.

[43]　宋天华．地方高校大学生创业教育研究 [M]．成都：电子科技大学出版社，2015.

[44]　赵励宁，刘涤非，张哲夫，等．大学生创业教育与就业指导 [M]．长春：东北师范大学出版社，2015.

[45]　刘平平．思想政治教育视域下艺术院校大学生创业教育政策环境研究与实践指导 [M]．成都：四川大学出版社，2018.

[46]　任映红，谢建芬．人的全面发展视阈中的温州大学生创业教育 [M]．杭州：浙江大学出版社，2014.

[47]　谢志远，吕一军，邹良影．大学生创业教育转型发展研究 [M]．杭州：浙江大学出版社，2012.

[48]　赵励宁，李昕，杨卫辉．大学生创业教育与就业指导 [M]．北京：北京理工大学出版社，2012.

[49]　谢志远，王丹婵，夏春雨．浙商精神与大学生创业教育 [M]．沈阳：辽宁教育出版社，2008.

[50]　王宪明，王立平．云创业平台企业孵化器视域下的大学生创业教育模式研究 [M]．北京：北京邮电大学出版社，2014.

[51]　郭广生．我和创业有个约会大学生创业教育理论与实践 [M]．北京：中国轻工业出版社，2010.

[52]　张钱，李强，詹一览．大学生创新创业教育教程 [M]．上海：上海交通大学出版社，2017.

[53] 肖呈生 . 大学生思维政治和创业教育教程 [M]. 北京 : 原子能出版社 ,2017.

[54] 侯力红 , 姬春林 . 互联网 + 大学生创新创业教育研究 [M]. 北京 : 科学技术文献出版社 ,2017.

[55] 邓文 , 张明洁 . 大学生创新创业实用教程 [M]. 武汉 : 华中科技大学出版社 ,2018.

[56] 王旭光 . 大学生创业基础教育 [M]. 首都师范大学出版社 ,2015.

[57] 周成军 . 大学生思想政治教育与创新创业 [M]. 北京 : 光明日报出版社 ,2016.

[58] 张翠凤 . 大学生创业素养教育与能力培养课程体系研究 [M]. 天津 : 天津科学技术出版社 ,2018.

[59] 郭志辉 . 大学生创新创业教育研究 [M]. 成都 : 电子科技大学出版社 ,2016.

[60] 林夕宝 , 吴瑞红 , 刘磊 , 等 . 大学生创新创业教育教程 [M]. 成都 : 电子科技大学出版社 ,2016.

[61] 高校教材编委会 . 大学生创新创业教育教程 [M]. 沈阳 : 东北大学出版社 ,2016.

[62] 张洁琦 . 创业教育理念与高校思政教育的有效融合 [J]. 轻工科技 ,2021,37(5):217–218.

[63] 王侦 , 吴画斌 , 金伟林 . 新时代背景下高校创新创业教育优化升级机制研究 [J]. 经营与管理 ,2021(5):124–127.

[64] 方胜强 . 供给侧改革视域下的高校创新创业教育研究 [J]. 锦州医科大学学报 (社会科学版),2021,19(2):1–3.

[65] 杨翔宇 , 王永铨 . 基于合作学习理论的大学生就业创业指导 [J]. 继续教育研究 ,2021(3):89–91.

[66] 范艳 . 新工科背景下高校创新创业教育探索与实践 [J]. 继续教育研究 ,2021(3):92–95.

[67] 林楠 , 张文春 , 刘永吉 . 测绘类专业创新创业教育人才培养模式探索 [J]. 科教文汇 (上旬刊),2021(4):73–74,77.

[68] 张立刚 , 张海川 . 应用型本科院校创新创业人才教育体系研究 [J]. 现代职业教育 ,2021(15):114–115.

[69] 魏倩倩 . 高校 "进阶式" 创新创业教育实践体系构建研究 [J]. 科技与创新 ,2021(7):87–89.

[70] 张超 . 如何突破高校创新创业教育的改革瓶颈 [J]. 中国商人 ,2021(4):56–57.

[71] 金伟林 , 吴画斌 , 王侦 . 协同创新视域下高校创新创业教育优化升级路径研究 [J]. 经营与管理 ,2021(4):137–141.

[72] 徐志花.高校创新创业教育人才培养体系研究 [J].合作经济与科技,2021(7): 86–89.

[73] 王建仙.高校创业教育与专业教育融合支持政策探究 [J].江苏经贸职业技术学院学报,2021(2):70–72.

[74] 朱宇,马景惠,赵爽.新时代我国高校创新创业教育的形势思考与实践探索——以吉林大学为例 [J].实验技术与管理,2021,38(3):23–28.

[75] 侯端阳.高校大学生创新创业教育现状分析与对策研究 [J].发明与创新(职业教育),2021(3):127–128.

[76] 董丽欣,廖珮君.应用型高校创新创业教育课程转型研究 [J].太原城市职业技术学院学报,2021(3):94–97.

[77] 唐莹莹.基于"工匠精神"的外语专业学生"双创"能力培育途径研究 [J].湖北开放职业学院学报,2021,34(6):9–10.

[78] 张芬,张姣姣,王盼,等.省属师范类高校大学生创新创业参与度调查分析——以咸阳师范学院为例 [J].内江科技,2021,42(3):109–111.

[79] 刘洋溪,钱梦婷,袁梦迪.新时代高校创新创业实践育人体系建设与运行机制研究 [J].湖北成人教育学院学报,2021,27(2):5–10.

[80] 王立彪.高校学生社团与大学生创业教育的实践探索——以佳木斯大学为例 [J].科技经济导刊,2021,29(9):156–157.

[81] 常文平,廖青华,郭贝贝.电气工程及其自动化专业创新创业能力培养探索与实践 [J].科技与创新,2021(6):112–113,115.

[82] 唐莉蓉,谭群英.新时代"课程思政"下高校职业生涯教育路径探究 [J].卫生职业教育,2021,39(6):25–27.

[83] 陈虹,王昕.跨境电商背景下国际贸易专业人才培养创新研究 [J].经济研究导刊,2021(9):111–113.

[84] 向颖晰.地域文化融入地方高校"逐层递进式"创新创业人才培养体系构建——以设计类专业为例 [J].投资与合作,2021(3):163–164.

[85] 贾建新.应用型本科高校工商管理专业创新创业教育体系构建研究 [J].中国经贸导刊(中),2021(3):173–175.

[86] 邱莹莹,何小雨.应用型高校创新创业教育保障体系构建研究 [J].黑河学刊,2021(2):83–85.

[87] 乔维德.高校创新创业教育评价体系构建研究 [J].南京广播电视大学学报，2021(1):28-36.

[88] 赵丹，林红军，郭晓丽，等."双创"背景下衡水高校大学生创新创业意识调查及培养路径研究 [J].现代农村科技,2021(3):77-78.

[89] 张培卫.新时代背景下我国高校创新创业教育发展建议 [J].中学政治教学参考,2021(11):104.

[90] 张敏，李安然.基于 CIPP 的高校创新创业教育评价体系：目标、要素及内涵分析 [J].中国大学生就业,2021(6):48-52.

[91] 郭占元.基于成果导向下的创业教育评价体系的研究 [J].中国大学生就业,2021(6):53-58.

[92] 王云云.深化高校创新创业视域下大学生创新创业能力培养方法探析 [J].陕西教育 (高教),2021(3):46-47.

[93] 王晓.大学生就业现状及应对策略研究 [J].法制与社会,2021(8):128-129.

[94] 黄声巍.粤港澳大湾区建设背景下广东省高校毕业生创业现状及促进措施研究 [J].湖北开放职业学院学报,2021,34(5):8-9,12.

[95] 李翔.高校思政教育与"双创"教育的有机融合研究探讨 [J].湖北开放职业学院学报,2021,34(5):10-12.

[96] 李林泽.创新实践与民办高校双创教育建设 [J].湖北开放职业学院学报,2021,34(5):15-16.

[97] 孔治国.基于 OBE 理念的应用型高校学生创新创业能力多元化培养路径探究 [J].中国石油大学胜利学院学报,2021,35(1):61-64.

[98] 汪良平.民办高校"产教融合、校企合作"创业教育：价值、问题与路径 [J].职教发展研究,2021(1):91-96.

[99] 翁伟斌，王刚，余洪亮，等."劳动教育的当代诠释与实践路径"专家笔谈 [J].内蒙古社会科学,2021,42(2):182-195.

[100] 金俭.应用型本科高校大学生创新创业教育研究 [J].黄河科技学院学报,2021,23(3):92-95.

[101] 刘洋，王娇楠.创新创业教育背景下高校专业教育与通识教育融合路径探究 [J].创新创业理论研究与实践,2021,4(5):52-55.

[102] 陈建甫.基于就业指导下的高校创新创业教育实践研究——评《大学生职业生涯规划 (第二版)》[J].科技管理研究,2021,41(5):239.

[103] 李秀英, 兰虹宇, 银玉睿. 高校"第二课堂成绩单"制度下大学生创新创业教育探究 [J]. 中阿科技论坛 (中英文),2021(3):189–191.

[104] 窦晓睿. 高校创新创业教育观念变革的整体构想 [J]. 教育信息化论坛 ,2021(3):107–108.

[105] 庄丽, 朱林, 季小燕. 互联网 + 背景下高校创新创业实践教育体系构建研究 [J]. 高教学刊 ,2021(9):32–35,39.

[106] 罗正业, 邱雪超. 利益相关者视角下高校创新创业教育研究 [J]. 山西青年 ,2021(5):56–57.

[107] 许冬梅. 创业教育视角下的高校创新思维培养路径 [J]. 科技与创新 ,2021(5):105–107,109.

[108] 张冠群, 王伟青, 许庆斌. 京津冀协同发展背景下的民办高校就业创业教育研究 [J]. 科学咨询 (科技·管理),2021(3):137–138.

[109] 许仕奇. 民办高校就业指导工作开展现状和改进思考 [J]. 科学咨询 (科技·管理),2021(3):155–156.

[110] 王鑫, 黄远玲. 院园联动的高校创新创业教育区域生态体系构建 [J]. 科技经济导刊 ,2021,29(7):153–155.

[111] 李小红. 基于"双创"型人才培养的高校图书馆服务研究 [J]. 办公室业务 ,2021(5):165–166.

[112] 罗正业. 基于利益相关者的高校创业教育组织变革 [J]. 教师 ,2021(7):125–126.

[113] 史达. "一带一路"下高校创新创业协同育人机制的探究 [J]. 知识文库 ,2021(6):177–178.

[114] 史娟娟. 创新创业教育与高校思想政治教育融合性研究 [J]. 中国多媒体与网络教学学报 (上旬刊),2021(3):187–189.

[115] 朱婧. 基于创客空间的高校创客教育发展模式研究 [J]. 中国管理信息化 ,2021,24(5):216–218.

[116] 杨复伟. 高校创新创业平台建设与运营研究 [J]. 合作经济与科技 ,2021(5):100–101.

[117] 赵丽娟, 张成飞, 周宏, 王文宝. 高校创新创业文化建设对策研究——以石家庄市区域内的高校为例 [J]. 石家庄职业技术学院学报 ,2021,33(1):65–69.

[118] 贾东风, 赵晖. 面向新时代高校创新创业课程知识架构与育人功能评价机制研究 [J]. 湖北开放职业学院学报 ,2021,34(4):8–9.

[119] 李华晶,张艺璇,张玉利,等.高校创业师资的教学特点、问题和对策研究——基于高校创业师资训练营的分析[J].扬州大学学报(高教研究版),2021,25(1):69-78.

[120] 周振雄,麻丹丹,辛平,等.工程教育视角下地方高校人才实践能力自我成长培养模式创新[J].实验技术与管理,2021,38(2):11-15.

[121] 王晓梅,杨一帆,王嫄媛.高校研究生创新创业教育调查分析[J].经济研究导刊,2021(6):129-131.

[122] 幸姚李顺.民办高校学生创新创业教育工作探究[J].财富时代,2021(2):99-100.

[123] 吴亚平.高校众创空间建设对于创新创业教育作用的研究——以扬州市职业大学科技产业综合体为例[J].内江科技,2021,42(2):120-121.

[124] 张齐,刘胜男.校企合作视域下高校创业教育的课程建设研究[J].教育理论与实践,2021,41(6):3-6.

[125] 周岩,金勇强.欧洲理工类高校创业教育体系的经验与启示——以荷兰埃因霍温理工大学为例[J].牡丹江大学学报,2021,30(2):94-100.

[126] 韩佳琳.高校艺术类专业教育与创业教育融合探析[J].美术教育研究,2021(4):150-151.

[127] 董艳宁.高校职业生涯教育与创新创业教育内涵及关系探究[J].创新创业理论研究与实践,2021,4(4):4-5,8.

[128] 罗敏娜."新常态"背景下高校创新创业师资能力提升路径研究[J].创新创业理论研究与实践,2021,4(4):145-147.

[129] 赵苗汝.高等教育普及化阶段普通高校的战略选择——读伯顿克拉克《建立创业型大学:组织转型的途径》[J].创新创业理论研究与实践,2021,4(4):150-152.

[130] 董莉,李晓晟,张建兰.高校专业教师参与创业教育途径探究[J].科技创业月刊,2021,34(2):114-116.

[131] 杨倩,黎成茂,潘霞,等.地方高校创新创业实践育人模式的探究[J].高教学刊,2021(6):52-55.

[132] 苗苗,宁迪,王耀卫.基于大学生参与动机视角的高校创新创业教育内容分析研究[J].成都大学学报(社会科学版),2021(1):114-122.

[133] 靳轩轩,洪腾腾.应用型本科高校创新创业教育模式探索——以H学院为例[J].大众标准化,2021(4):210-212.

[134] 杨怡涵 . 创新创业视域下高校就业教育改革路径研究 [J]. 山西青年 , 2021(4): 90-91.

[135] 陈雪钧 , 李莉 . 共享经济下高校大学生创新创业人才培养保障体系研究 [J]. 江苏商论 ,2021(2):123-126.

[136] 于海滨 . 高校学生思政与创新创业教育分析——评《大学生创新与创业教程》[J]. 中国高校科技 ,2021(Z1):140.

[137] 柳尧洋 , 廖珮君 . 应用型高校创新创业课程体系存在的问题与对策 [J]. 开封文化艺术职业学院学报 ,2021,41(2):114-116.

[138] 杨华 , 谢仁恩 . 人文素质教育融入高校创新创业教育刍议 [J]. 学校党建与思想教育 ,2021(4):87-88.

[139] 章棋 , 雷玲 , 张兆同 . 高校创新创业教育的两大课堂协同育人机制研究——以南京农业大学"三创"空间为例 [J]. 黑龙江畜牧兽医 ,2021(4):145-149.

[140] 李建 . 基于协同育人视角的高校创新创业教育课程体系构建 [J]. 中学政治教学参考 ,2021(7):98.

[141] 孟艳芳 , 左同宇 , 姜欢 . 精准资助视域下高校贫困大学生创新创业教育研究 [J]. 营销界 ,2021(8):33-34.

[142] 牛建会 , 步秋军 , 刘春蕾 . 基于教育生态学理论的大学生创新创业能力提升教育研究 [J]. 科技风 ,2021(5):177-178.

[143] 李成龙 , 张天娇 , 徐倩倩 . 高校创新创业人才渐进式培养模式的实践与探索 [J]. 科技视界 ,2021(5):149-151.

[144] 黄保霖 . 高校创新创业教育生态系统支撑体系构建探析 [J]. 吉林农业科技学院学报 ,2021,30(1):52-54.

[145] 刘英为 . "金课"导向下高校创新创业教育模式的重构与升级 [J]. 河南财政税务高等专科学校学报 ,2021,35(1):64-66.

[146] 刘洋 , 谢琴 . 高校创新创业教育资源服务青少年科普教育的对策分析 [J]. 中国科技产业 ,2021(2):37-39.

[147] 刘晓旭 . "互联网 + 双创"背景下应用型高校商务英语专业课程改革研究 [J]. 吉林省教育学院学报 ,2021,37(2):112-115.

[148] 江新 . 商业画布视角下的高校图书馆创新创业教育服务策略研究 [J]. 常州信息职业技术学院学报 ,2021,20(1):78-82.

[149] 马琳 , 陈怡君 . 以高校为主导的广谱式创新创业教育评价指标体系研制——面向 "双一流" 建设 [J]. 陕西教育 (高教),2021(2):63–64.

[150] 王红霞 , 徐兴林 , 汤冬冬 .OBE 理念视角下民办应用型高校创新创业教育探索 [J]. 教育与职业 ,2021(4):69–73.

[151] 林泽 , 孔德议 . 基于复杂系统理论的高校创新创业教育体系研究 [J]. 锦州医科大学学报 (社会科学版),2021,19(1):9–11.

[152] 胡瑞 , 张焱 , 冯燕 . 英国高校创业教育政策：变迁、特征与反思 [J]. 现代教育管理 ,2021(2):55–62.

[153] 曹勇 . 文献视野下我国普通高校通识设计课程研究 [J]. 美术教育研究 ,2021(3):116–119.

[154] 荆梦阳 . "双一流" 背景下河南省地方高校双创教育的现状与问题 [J]. 营销界 ,2021(7):175–176.

[155] 尹妮 , 周蕾 . 应用型民办本科 "内容、路径、检测" 三位一体创新创业教育模式效果评价研究 [J]. 中国多媒体与网络教学学报 (中旬刊),2021(2):115–117.

[156] 赵阳 . 探索高校通识教育中的人文素养与创新创业之间的融合 [J]. 中国多媒体与网络教学学报 (中旬刊),2021(2):124–126.

[157] 吴晨珠 . 高校创业教育与就业指导相融合的途径探索——以职业院校服装设计专业为例 [J]. 中国培训 ,2021(2):60–61.

[158] 王迪 . 信息技术驱动的应用型高校创新创业教育体系研究 [J]. 无线互联科技 ,2021,18(3):141–142.

[159] 徐晓飞 , 沈毅 , 钟诗胜 . 我国高校新工科建设与教育模式创新实践的探索与思考 [J]. 计算机教育 ,2021(2):99–103.

[160] 赵岩松 , 张国良 . 高校创新创业教育认识误区与应对策略 [J]. 创新创业理论研究与实践 ,2021,4(3):81–83.

[161] 陈斌 . 高校思想政治教育融入大学生创新创业教育的路径探索 [J]. 创新创业理论研究与实践 ,2021,4(3):86–88.

[162] 郝艺飞 . 地方高校创新创业教育实践模式与质量评价研究 [J]. 创新创业理论研究与实践 ,2021,4(3):107–108,111.

[163] 张爽 , 苏醒 . 新时代高校教师创新创业教育教学能力提升路径探究 [J]. 创新创业理论研究与实践 ,2021,4(3):178–180.

[164] 孙晓枫, 莫欣, 朱翠兰. 高校众创空间建设对策研究 [J]. 创新创业理论研究与实践, 2021,4(3):184–187.

[165] 翟纯纯, 李金泰. 基于"双创"的大学生创业实践探析 [J]. 创新创业理论研究与实践, 2021,4(3):188–189,195.

[166] 王志强, 熊顺顺, 龙泽海. 高校创业教育教师胜任力的多维结构模型及其改进策略——基于全国 1231 所高校的实证研究 [J]. 教育发展研究, 2021,41(3):77–84.

[167] 张朋刚, 张倩. 地方理工高校高质量创新创业人才培养现状及提升路径研究——以湖北汽车工业学院为例 [J]. 科教文汇 (上旬刊),2021(2):67–68.

[168] 唐志超. 应用技术型高校专创融合课程改革研究——以工科专业为例 [J]. 科技创新与生产力, 2021(2):39–41.

[169] 徐颖, 曲秀琴, 赵欣童. 混合式教学模式在高职创业教育中的实践 [J]. 中阿科技论坛 (中英文),2021(2):158–160.

[170] 王清清, 王斌楠, 黄富贵, 等. 依托高校实验平台的创新创业教育体系优化路径 [J]. 教育评论, 2021(2):78–84.

[171] 管淑波, 王子鸣. 新形势下我国高校创新创业教育路径探究 [J]. 中学政治教学参考, 2021(5):85.

[172] 郭欣. 我国高校创新创业课程发展的流脉、现状与改进路径 [J]. 职业教育研究, 2021(2):52–56.

[173] 王鑫. 创客文化视域下高校创新创业教育的影响因素与内涵优化 [J]. 思想理论教育, 2021(2):106–111.

[174] 李杰, 刘曹勇, 庞辉. 高校大学生创新创业教育的发展困境与改革路径 [J]. 中国大学生就业, 2021(3):60–64.

[175] 白玉华. 财经类大学生创业意愿、动机调查及创新创业教育改革——以西部某高校为例 [J]. 科技风, 2021(4):173–174.

[176] 李晓迪, 张艺露. 基于创新创业视角的中国高校美育素质教育研究 [J]. 戏剧之家, 2021(6):160–161.

[177] 房景丽, 张策. 创新创业教育：高校应用型数字媒体专业人才培养 [J]. 绥化学院学报, 2021,41(2):124–126.